组织创新力

VUCA时代的企业增长破局之道

蔡铭放 ◎ 著

中国铁道出版社有限公司
CHINA RAILWAY PUBLISHING HOUSE CO., LTD.

图书在版编目（CIP）数据

组织创新力 ：VUCA 时代的企业增长破局之道 / 蔡铭放著．-- 北京 ：中国铁道出版社有限公司，2025. 7.
ISBN 978-7-113-32271-7

Ⅰ. F272

中国国家版本馆 CIP 数据核字第 20252VC833 号

书　　名： 组织创新力——VUCA 时代的企业增长破局之道
ZUZHI CHUANGXINLI: VUCA SHIDAI DE QIYE ZENGZHANG POJU ZHI DAO
作　　者： 蔡铭放

责任编辑： 荆然子　　**编辑部电话：**（010）51873064　　**电子邮箱：** jingzhizhi@126.com
封面设计： 子鹏语衣
责任校对： 刘　畅
责任印制： 赵星辰

出版发行： 中国铁道出版社有限公司（100054，北京市西城区右安门西街 8 号）
网　　址： https://www.tdpress.com
印　　刷： 三河市宏盛印务有限公司
版　　次： 2025 年 7 月第 1 版　2025 年 7 月第 1 次印刷
开　　本： 710 mm × 1 000 mm　1/16　**印张：** 15　**字数：** 200 千
书　　号： ISBN 978-7-113-32271-7
定　　价： 68.00 元

前言

VUCA是易变性（volatile）、不确定性（uncertain）、复杂性（complex）和模糊性（ambiguous）的缩写组合。近几年，该词越来越多地应用于商业领域，描述企业所面临的不断变化、无法确定、高度复杂而又让人难以看清的商业环境。

目前，随着金融全球化和经济一体化程度的日益加深，国家之间的贸易往来日益密切，国际金融环境也日趋复杂。与此同时，人工智能、大数据、物联网、云计算等技术飞速发展，机器与人在企业流程中的边界越来越模糊，新技术的出现必然会带来社会的变革。充满不确定性的商业环境要求企业必须具有持续创新的能力，否则无论其所处行业、规模大小，还是存续时间长短，均有可能被颠覆性技术取代，或面临增长停滞的困境。但是，在实际运营过程中，企业所具有的持续创新能力往往无法随着规模的增长而同步提高。

不过，波诡云谲的商业环境对于企业而言既是挑战也是机遇。如今的商业环境在越来越复杂多变的同时，也具有越来越强的可塑性，这使得企业有更多的机会进行颠覆性创新，获取增长破局之道。

对以往的企业运营案例进行分析不难发现，大多数传统企业几乎都会面临创新难的窘境。由于技术创新需要大量的投入，而且成功的机会并不高；而商业模式创新又会涉及战略、流程等诸多环节，创新的难度较大。随着产品同质化日益严重，市场饱和度越来越高，企业面临的压力也不断增大，便难以找到有效的创新路径。因此，创新似乎成为小概率事件，突破式或颠覆式创新愈发遥不可及。

数字化革命的到来，加剧了商业环境的变革。企业面临的主要危机不再是竞争对手的威胁，而是用户需求的挑战。进入数字时代后，用户对定制化、个性化产品和服务的需求不断增加，消费模式趋于多元化，消费需求呈现出差异化趋势，线上线下消费渠道也实现了有机融合。为了应对数字化带来的不确定性，企业必须进行持续的创新，利用大数据、人工智能等技术，深入挖掘和精准分析用户的需求，并基于用户需求变革产品和服务。

当前，我国经济已由高速增长阶段转向高质量发展阶段，正处于转变发展方式、优化经济结构、转换增长动力的攻关期，而企业作为经济活动的主体，也只有遵循正确的发展逻辑和路径，才能实现高质量发展。

2022年，中央全面深化改革委员会审议通过了《关于加快建设世界一流企业的指导意见》，强调要加快建设一批产品卓越、品牌卓著、创新领先、治理现代的世界一流企业。这为新时代我国企业管理创新实践指明了努力方向，明确了奋斗目标。创新是国家科技进步和企业竞争优势的主要来源，随着VUCA时代的到来，企业要实现增长破局，不能仅靠技术创新，还需要通过管理创新、战略创新、组织创新、产品创新、流程创新、文化创新等获得强大的生命力。

本书立足于现代企业创新管理理论与实践，详细探究企业创新的概念内涵和体系架构，阐明创新管理对组织可持续增长的重要作用，分别从管理创新、战略创新、组织创新、技术创新、产品创新、流程创新、文化创新七大维度全面阐述企业创新管理的实践路径与操作方法，并总结分析了华为、谷歌、小米、3M公司、丰田汽车、海尔集团、复星集团等全球领先企业在组织创新方面的典型案例，期望对国内企业提升组织创新力提供行之有效的借鉴与指导。全书内容包括七大部分：

- 第1章：管理创新。管理创新已经成为企业实现持续发展的不可或缺的驱动力。许多企业正大力推进管理创新，采用先进的管理理念，不断优化组织结构，加强技术创新，并借助管理创新进一步提升市场响应速度和决策效率，增强自身整体竞争力。
- 第2章：战略创新。迫于经济全球化及颠覆性的跨界竞争，越来越多的企业开始基于市场需求，对发展战略进行持续创新。实施战略创新，一方面，可以让企业获得独特的竞争优势，避免陷入同质竞争与价格战泥潭；另一方面，可以为企业创造新价值，使企业找到新的增量市场。
- 第3章：组织创新。随着外部发展环境的变化，层出不穷的新技术、新理念、新模式无一不变革着企业的管理与组织形式。在此背景下，若企业不能快速适应外界环境，以开放的心态接纳新变化，而一味地坚持原有的规则、逻辑与思想，则有可能迅速被新环境淘汰。
- 第4章：技术创新。技术创新是一个综合过程，涉及技术、组织、金融等多个领域，需要把握潜在盈利机会，或是洞察技术的盈利潜力，出于盈利目的重新组合生产要素和生产条件，构建新生产经营体系，提升效率和效能，研发新的技术、工艺、产品，拓展新的市场，构建新的企业组织。
- 第5章：产品创新。产品创新在企业活动中有着重要地位，是企业为了跟随市场趋势，以市场需求为导向，通过技术升级、工艺革新、材料更换或设计理念创新等方式，对当前的产品或服务进行改造升级，或研发出与市场需求导向相适应的新产品。

- 第6章：流程创新。流程化管理是围绕业务流程运行的管理模式，其本质为打造卓越的业务流程。在流程化管理中，流程是为用户服务的。在设计组成流程的活动时，应当确保各项活动均具备增值的性质，以满足流程的需要。在流程的指导下，员工会把自己的活动与整体目标结合起来，形成一种自觉的意识，通过个人行动助力目标的实现。
- 第7章：文化创新。企业文化是一种揭示企业成长历程的关键性力量，能够潜移默化地塑造员工的价值观和工作理念，同时还与企业发展战略一起牵引着企业的未来发展。随着企业间竞争的进一步加剧，竞争的内容也从过往资金、市场等“硬实力”扩大到包括员工素质在内的“软实力”。

在VUCA时代，唯一不变的就是变化，企业唯有持续不断地创新，才能具备高度的适应性和灵活性，以在复杂多变的环境中砥砺前行。

蔡铭放

2025年3月

目录

第 1 章　管理创新

第2章 战略创新

第3章 组织创新

第 6 章　流程创新

第 7 章　文化创新

第1章

管理创新

1.1 创新管理：企业走向卓越的核心特质

1.1.1 组织创新的概念内涵

政治经济学家约瑟夫·熊彼特被认为是“创新理论”的创始人，他在《经济发展理论》一书中给出了创新的定义，指出创新意味着新的生产函数，通过向当前生产体系加入新要素来实现创新，新要素包括新的产品、生产技术或方法、组织结构、市场、资源供应。另外，在熊彼特看来，创新是非连续的，能够导向“创造性毁灭”。熊彼特的创新理论影响深远，尤其是“创造性毁灭”的说法在相关研究中被反复提及和讨论。

熊彼特对创新的定义主要是就经济学层面而言的，而有“现代管理学之父”之称的彼得·德鲁克则在更普遍的意义上给出了创新的定义，认为只要一项行为能够凭借现有资源取得财富，就可以被视作创新。同时，德鲁克认为，创新有技术创新和社会创新之分，两者的区别在于载体。技术创新是将已经存在的自然事物用于特定的场景，充分发挥出自然物的价值，以增加经济收益，这类创新的载体为自然界；社会创新是管理方面的创新，包括管理机制和方法的变革，旨在提升资源配置效率，对社会发展带来积极影响，这类创新的载体为人类社会。

从上述创新的相关理论可以看出，创新是经济发展和社会进步的重要驱动力。在长期的演进过程中，创新的种类不断增多，相应地形成了多种关于创新的分类方式。

1. 按照性质分类

根据性质，可将创新分为以下四类：

- 激进式创新：具有颠覆性和开创性的创新，与现有技术之间的连续性和关联度较低，能够对现存的生产方式、竞争格局等带来较大影响。
- 渐进式创新：较为平稳的创新，并未超出现有技术的范围和框架，更多的是一种延伸和补充，改变幅度较小，影响力相对有限。
- 结构式创新：发生于系统内部整体性的创新，用于重构系统要素间的关系。
- 模块式创新：系统内部的局部性创新，只改造特定的部件，不会改变系统结构。

2. 按照内容分类

以内容作为划分依据，创新包含以下种类：

- 管理创新：管理理念的更新、管理方法的改进、管理流程的优化等。
- 产品创新：对产品或服务的创新。
- 技术创新：针对生产方式、生产工艺等的创新。
- 组织和机制创新：企业组织形式的改进和完善。
- 营销创新：营销理念、营销手段、营销模式等的变革和升级。
- 战略创新：战略目标的调整、战略执行能力的提升等。
- 文化创新：企业文化与价值观的革新重构、企业氛围的变化等。

另外，对于创新还有多种划分方式。比如，按照对象，有产品创新和过程创新之分；按照次序，有率先创新和跟随创新之分；按照主体，有自主创新与合作创新之分；按照动力，有需求驱动型创新和技术驱动型创新之分。需要指出的是，同一创新活动可同时具备两种创新类型的性质。

1.1.2 组织创新的五个特点

从创新的相关理论以及创新的分类中可以看出，创新是一项有计划、有组织的系统变革过程。组织创新旨在通过创新职能的发挥，实现竞争力的提升和组织的可持续发展。组织创新的特点主要体现在不确定性、积累性、协同性、不对称性、复杂性和多样性五个方面，如图1-1所示。

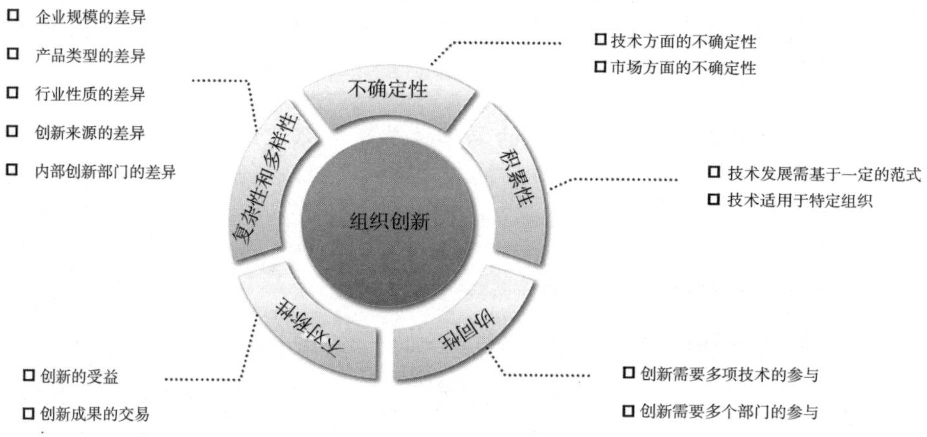

图 1-1 组织创新的特点

1. 不确定性

从某些层面来看，创新往往不是指向明确的、有章可循的，而是随机的、任意的。由创新的不确定性决定，企业的投入无法保证获得相应的回报，许多努力可能最终都会化为无用功。创新的不确定性主要源自技术和市场两方面的不确定性。首先人们无法预先得知技术研发是否会取得成功，其次在研发成功后技术还要接受市场的检验，最终能否被市场接纳也是一个未知数。

2. 积累性

创新不可能一步到位，而需要长期的积累。比如，技术发展需基于一定的范式，按照范式规定的路径和步骤持续演进；技术创新也不是空中楼阁，而是以已有的技术作为地基。由于创新本身具有积累性、连续性，因此与创新相关的学习、研发等活动也要持续推进。

创新的积累性还可以从组织的层面看待。许多技术并不是通用的，而是应用于特定组织，用来完成组织的各项管理和调度工作。这些技术作为组织系统的一部分而存在，并随着组织的发展过程不断调整和创新。

3. 协同性

创新需要多项技术的参与，各项技术相互关联、相互作用，这从技术层面体现了创新的协同性。要想使创新达到更好效果，应当注重技术间的互补，让每项技术发挥出最大的价值。创新的协同性还体现在组织层面，技术创新往往由企业的研发部门发起并执行，同时创新过程还需要生产、销售等多个部门的参与，将创新成果转化为产品和服务并推向市场。在创新过程中，企业管理者就需要扮演好部门间协调者的角色。

很多时候，创新用到的知识具有潜移默化的性质，类似于一种集体共识，只能在默契的合作行动中自然地发挥作用，而不容易用明确的语言表示出来，同时围绕创新的协同工作能够凭借集思广益生发出新的创新灵感，由此可见协同性对于创新的重要意义。

4. 不对称性

创新具有排他性，创新的发起者和实现者应当是创新成果的唯一受益人。不过，部分国家针对创新的法律法规并不完善，对于创新成果的保护不够到位，这将打击组织创新的积极性，对组织创新的整体发展产生消极影响。

另外，在创新完成之后，创新成果的所有者要将成果转化为产品出售给买家，在交易过程中需向买家介绍产品信息，使买家了解到自己技术和产品的优势所在，而这样做就很容易将核心技术透露出去，使买家轻而易举地获取到创新的成果，这对于创新成果所有者而言无疑是很大的损失。所以，涉及创新成果的交易应当具备一定的特殊性，在双方达成一致的前提下，在交易时不公开与创新成果有关的信息，以确保所有者的利益不受侵犯。

5. 复杂性和多样性

不同行业的创新往往呈现出明显的差异，这种差异具体体现在以下五个方面：

（1）企业规模的差异。企业的规模不同，对创新的需求和采取的创新模式也不同。企业的规模除与自身的发展有关外，也会受到所处行业的影响，比如重型机械等制造类行业以大型企业为主，而在零售行业有相当一部分企业是中小型企业。

（2）产品类型的差异。对应不同类型的产品，组织创新的方向也会有差异。比如，就性价比产品而言，创新的侧重点通常在于提升生产效率、降低生产成本；而强调效果的产品，则试图通过创新达到提升产品性能的目的。

（3）行业性质的差异。不同行业有着不同的性质和市场需求，由此决定了各行业不同的创新目标。比如，在消费电子行业，企业的竞争力很大程度上取决于产品，因此行业内普遍将产品创新作为目标；而在钢铁等重工业行业，生产工艺代表了核心竞争力，因而企业更加注重工艺创新；另外，有的行业产品和工艺具有同等的重要性，如汽车行业，这类行业会兼顾产品创新与工艺创新。

（4）创新来源的差异。不同行业的创新来源通常具有一定的差异。比如，农业、传统制造业等行业的创新很多时候借助其供应商实现；软件、装备制造等行业的创新往往以市场为导向；在运输、通信等行业，企业持续开展技术研发，由此产生创新成果；在医药等行业，基础研究进展是创新的主要推动力。

（5）内部创新部门的差异。在不同的行业，企业内部负责创新的部门是不同的，比如制造业的设计部门、电子产业的研发实验室等，是组织创新的主力，在组织创新的过程中起着主导作用。

1.1.3 管理创新的四大价值

就目前来看，管理创新已经成为企业实现持续发展不可或缺的驱动力。许多企业正大力推进管理创新，采用先进的管理理念，不断优化组织结构，加强技术创新，并借助管理创新进一步提升市场响应速度和决策效率，增强自身整体竞争力。管理创新的价值主要表现在四个方面，如图1-2所示。

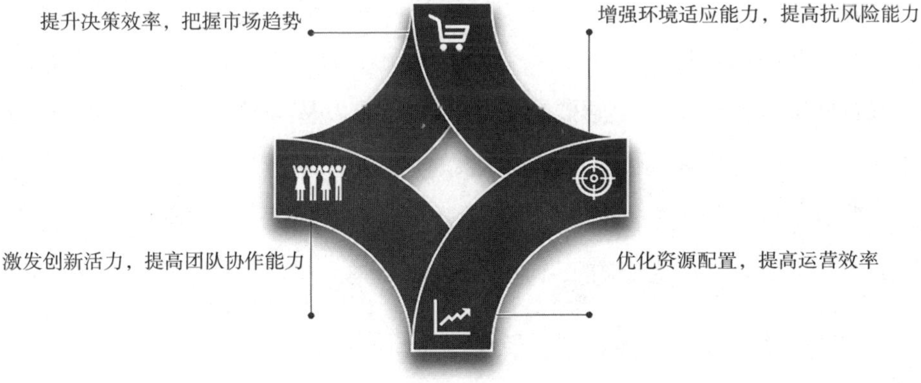

图 1-2 管理创新的价值

1. 提升决策效率，把握市场趋势

近年来，市场不断变化，消费者需求呈现出多样化的特点，传统的管理模式和决策机制已经无法满足企业当前的发展要求。企业亟须创新管理方式，利用先进的管理理念和技术提高自身的市场响应速度及决策效率。

具体来说，企业可以进行层级结构创新，减少决策层级，增强组织架构和业务流程的灵活性，提高内部信息流通速度，以便快速感知市场变化，掌握客户需求，并据此调整生产运营方式，及时满足市场需求；也可以进行技术创新，充分发挥大数据、云计算等先进技术的作用，实时分析各项相关数据信息，并根据数据分析结果进行决策，提高决策的科学性、合理性和有效性，以便精准把握市场趋势和市场需求，进一步优化产品布局，制定行之有效的市场策略。

2. 激发创新活力，提高团队协作能力

知识和人才是支撑企业发展的重要资源。在推进管理创新的过程中，企业需要优化人才管理、激励机制和团队协作模式，助力员工充分发挥创新能力，并进一步提升整个团队的协作能力。

从实际操作来看，企业可以通过管理创新，提高人才管理机制的人性化和科学化程度，扩大员工发展空间，为员工提供更多发展机会，并以竞争和激励等方式激发员工潜能，推动员工充分发挥创造能力；也可以通过管理创新，优化团队协作模式，采用敏捷开发、项目管理等先进的管理方法，为员工互相协同提供支持，从而增强整个团队的向心力和执行力，获得更高的工作效率和更好的工作质量。

3. 优化资源配置，提高运营效率

就目前来看，市场竞争日渐激烈，资源短缺问题逐渐加重，企业亟须引进先进的管理理念和技术，通过管理创新来优化资源配置，提高运营效率。

在实际操作过程中，企业可以通过管理创新，构建科学的资源分配机制，提高资源的利用率，并借助供应链管理和精益生产等手段加强成本控制，提高生产效率和生产质量；也可以将物联网等先进的信息技术融入管理创新当中，并搭建信息化平台，推动资源管理走向数字化和网络化，以便高效采集和使用各项资源信息，实现对资源的远程监控和高效调度。

4. 增强环境适应能力，提高抗风险能力

现阶段，市场环境不断变化，企业的竞争压力也开始趋向多元化。为了应对各项风险和挑战，企业需要通过管理创新来增强自身对环境的适应能力和抗风险能力。

具体来说，企业可以革新管理理念和管理方法，提高制造的柔性化程度和开发的敏捷性，打造具有较高的灵活性和适应性的管理模式，并升级运营机制，以便快速感知和响应市场变化及消费需求变化；也可以创新风险管理、危机管理等方式，优化风险预警和应对机制，提高风险预测和风险评估的准确性，以便根据评估预测结果制定相应的应对方案，有效规避风险、减少损失。

1.1.4 创新管理的指标体系

进入VUCA时代后，企业需要增强创新能力和经营管理能力，把握市场变化趋势，以便在激烈的市场竞争中占据一席之地，实现稳定发展。

对企业来说，创新管理是增强创新能力的有效方法。企业可以通过创新组织结构和体制的方式，推进创新管理工作，并革新各项管理职能活动和组合，如决策、计划、指挥、控制、激励等，激发各级员工的创新能力，以便不断开发和使用各种新的技术、设备和方法。由此可见，创新管理能力是影响企业生存发展的重要因素。企业可以评价自身的创新管理现状，并据此充分了解自身的创新能力和创新水平，在此基础上进一步优化完善创新机制，强化创新管理，不断增强创新能力，借助创新建立起更强的竞争优势。

1. 创新管理评价的关键

在落实创新管理现状评价工作之前，企业需要先分析三个关键问题，即企业的创新氛围如何、创新管理依据是什么、创新管理现状是怎样的。

（1）创新氛围决定创新成果。一般来说，当企业营造的氛围为“鼓励创新，宽容失败”时，员工对创新工作的积极性较高，可能会催生出许多新的想法和创意，并陆续开发出各类新产品；当企业营造的氛围为包容跟随、模仿和抄袭，且领导层对创新工作的重视程度较低时，员工无法充分发挥创新能力，创新管理部门难以推进创新工作，企业也无法进一步提升创新水平。

（2）创新管理依据决定管理内容。在创新管理过程中，企业需要明确创新方向，制定清晰的创新战略、创新顶层设计，逐步分解创新战略，并不断创新优化经营战略、工艺、技术、产品和组织形式，强化自身竞争优势，以便灵活应对多变的市场环境，否则可能出现创新管理部门难以有效推进创新管理工作的情况，进而导致企业发展受阻。

（3）创新管理现状体现管理方法。在企业中，创新管理部门主要负责统筹各项创新工作，找准创新方向，为创新工作提供体制机制方面的支持，从而充分激发各方相关人员的创新能力和积极性，助力企业不断增强发展潜力。对企业来说，可以借助创新管理部门了解自身当前的创新管理状况，有针对性地开展创新管理工作，为推进创新管理体系建设和优化工作提供强有力的支持。

2. 创新管理评价指标的选取

根据企业创新管理的评价指标体系，影响企业创新管理水平的一级指标主要包含创新文化氛围、创新战略管理和创新支持水平，这三项一级指标又可进一步拆解成十项二级指标、二十四项三级指标，见表1-1。

表 1-1　企业创新管理的评价指标体系

<table>
<tr><th>一级指标</th><th>二级指标</th><th colspan="3">三级指标</th></tr>
<tr><td rowspan="3">创新文化氛围</td><td>企业家层面</td><td>企业家创新重视度</td><td colspan="2">企业家创新前瞻性</td></tr>
<tr><td>组织层面</td><td>学习与创新氛围</td><td colspan="2">员工创新交流与共享程度</td></tr>
<tr><td>员工层面</td><td>员工创新积极性</td><td colspan="2">员工创新能力</td></tr>
<tr><td rowspan="3">创新战略管理</td><td>环境识别</td><td>对外部机会和威胁的感知能力</td><td>对自身优劣势的理解能力</td><td>对竞争对手的理解程度</td></tr>
<tr><td>资源配置</td><td>对外部资源的获取能力</td><td colspan="2">对内部资源的整合能力</td></tr>
<tr><td>计划制订与实施</td><td>创新计划清晰度与可操作性</td><td>创新组合与创新战略匹配度</td><td>创新计划目标的达成度</td></tr>
<tr><td rowspan="4">创新支持水平</td><td>组织运作层面</td><td>创新组织的完善性</td><td colspan="2">部门协作水平</td></tr>
<tr><td>制度流程层面</td><td>创新管理制度的健全性</td><td>企业管理制度对创新的支持度</td><td>创新管理流程顺畅度</td></tr>
<tr><td>资源支持层面</td><td>创新资源支持机制</td><td>创新奖励激励机制</td><td>信息化管理水平</td></tr>
<tr><td>能力支持层面</td><td>创新管理人员的能力</td><td colspan="2">知识平台建设水平</td></tr>
</table>

3. 创新管理评价体系的使用

对实施创新管理的企业来说，创新管理评价体系的使用难度较低。从实际使用方式来看，首先，企业需要深入了解指标体系，并据此设计相应的调研问卷；其次，需要安排中高层和核心骨干分别以填写调研问卷的方式完成评价，并分析各项指标评价结果的可信度，计算出这些指标的实际分值；最后，利用雷达图来表现企业的创新管理情况，全方位掌握创新管理方面存在的各项问题，明确创新管理方向。

1.2 顶层架构：企业创新体系的构建路径

企业是促进经济高质量发展的主体，这要求企业确立以创新为驱动的新发展模式。创新驱动转型需要创新规划作为指导，以明确创新的方向和路径。企业制定创新规划，需构建企业创新体系，如图1-3所示。该体系由创新目标系统、创新行为系统、创新动力系统、创新支撑系统组成，这四个系统包含了与企业创新有关的多种要素，共同构建起完整的创新链条，能够帮助企业形成合理完善的创新规划，为创新驱动转型的成功提供重要支撑。

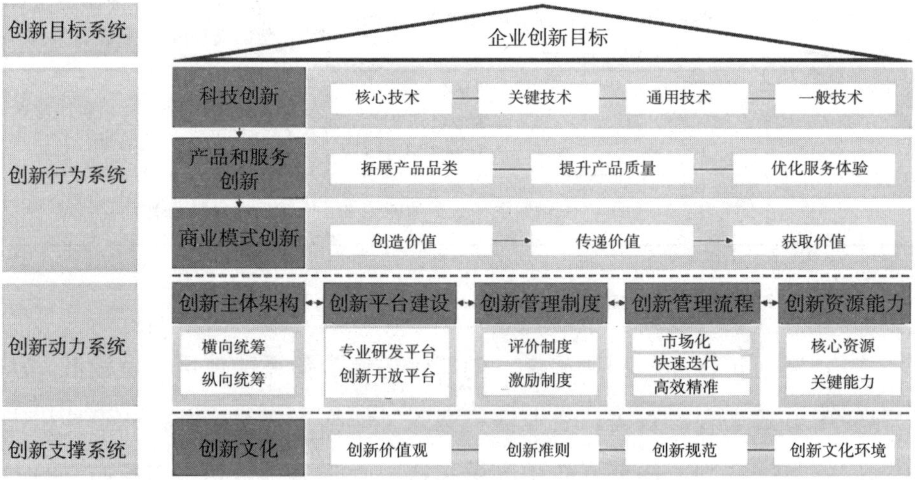

图 1-3　企业创新体系架构

1.2.1 企业创新目标系统

首先简要分析企业创新目标系统。

企业创新目标阐明了企业创新要取得怎样的成果，并负责创新的整体部署。在企业创新体系中，企业创新目标系统指导其他三大系统的运行，开展各类创新活动，提升企业的创新发展水平。

一般情况下，企业创新目标分为远景目标、财务目标、业务目标、组织目标，如图1-4所示。注意，创新目标的制定并非孤立的行动，需要与创新体系内其他三大系统的发展目标相结合。

图 1-4 企业创新目标

1.2.2 企业创新行为系统

在企业创新体系中，创新行为系统居于核心地位，是实现创新的重要载体。企业创新行为系统包含三类创新，分别是科技创新、产品和服务创新、商业模式创新。

1. 科技创新

科技创新包含基础科学理论创新和技术创新，能够产生新的理论、技术、生产方式等。在科技创新中，新技术的研发往往受到较多关注。技术分为一般技术、通用技术、关键技术、核心技术，对应技术创新的四个层次，如图1-5所示。企业应结合自身的资源条件和需求在各技术层次中做出选择，形成合理的创新策略。

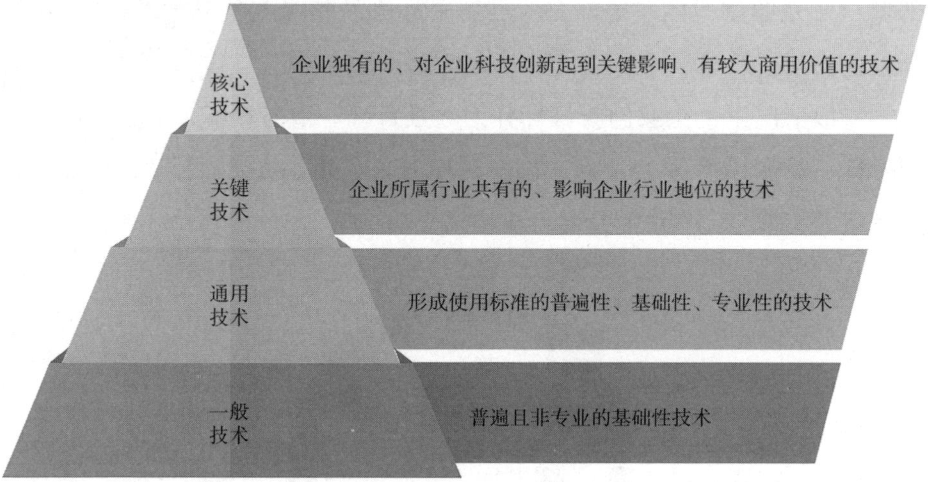

图1-5 科技创新的技术层次

具体而言，企业可通过以下四种手段实现技术创新：

（1）自主研发。自主研发需要付出大量的时间和资源，不过自主研发取得的技术创新成果将完全掌握在企业手中，企业得以取得技术上的主动权，从而有效提升自身的核心竞争力。如果企业资源充足，有条件开展长期的技术创新活动，则可以优先选择自主研发。

（2）合作研发。许多企业设有专门负责自主研发的部门，如实验室、技术研究院等，在这种情况下，企业可以与其他企业或者高校、科研机构等建立合作关系，共同开展研发活动。企业间合作研发的各方通常是处于同一行业的企业，或者是所处行业存在较为密切关联的企业，有时多家企业会成立技术联盟作为合作平台，为合作研发提供便利。虽然合作研发取得的技术创新成果无法为企业所独有，但是这种研发模式可通过资源共享和分工协作提升研发效率，降低研发成本，对企业创新起到促进作用。

（3）专利购买。有时企业出于迅速占领市场、在竞争中取得先机等目的，采用直接购买技术专利的方式。专利购买的确是一种十分便捷的技术创新路径，但是如果企业对此路径形成依赖，就会逐渐丧失自主创新能力。从长期来看，这对企业的发展是弊大于利的。此外，技术专利交易本身也存在一定的风险，与实物交易不同，作为购买方的企业无法当场验证专利的效果，付出大量的资金购买专利并不能保证获得预期的回报。

（4）研发外包。如果企业在研发方面存在困难，比如整体的研发能力不足，或是在特定的技术领域缺乏积累，抑或无法独立完成研发的所有环节，都可以将研发活动委托给其他机构进行，包括企业、高校、科研院所等。研发外包是解决研发瓶颈的有效方法，同时还能够帮助企业规避研发风险，控制研发成本。

2. 产品和服务创新

产品和服务创新即开发新的产品和服务，或在原有产品和服务的基础上进行调整和改进，总之要产出过去不曾出现的新内容和新事物。产品和服务最终都是要出售给客户的，因此企业应面向客户需求进行产品和服务创新，开发种类更加丰富、更加优质的产品和服务，提升客户使用体验和满意度。

从服务客户出发，企业可通过三个步骤推进产品和服务创新，如图1-6所示。

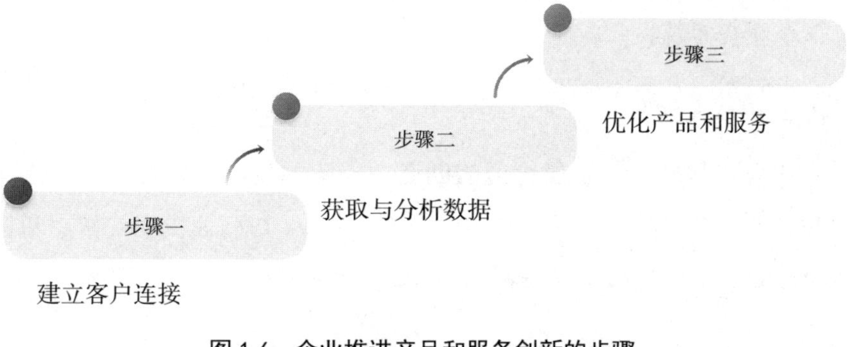

图 1-6　企业推进产品和服务创新的步骤

（1）建立客户连接。既然产品和服务创新是以客户为导向，那么企业在开展创新活动前应先了解目标客户群体的实际需求，为此需要与客户接触沟通，建立彼此间的连接，掌握客户对产品和服务的偏好及期望。很多企业会在线上和线下同时开放沟通及体验渠道，用户在了解产品和服务并亲身体验后，可以通过留言、发送邮件、现场反馈等方式表达自己的想法和意见，使企业得以确定产品和服务创新的方向。

（2）获取与分析数据。基于与客户间的连接，企业需收集更多与客户有关的数据，以进一步了解客户，包括客户群体的构成、客户的消费习惯及频率等，通过全面的数据分析更加深入地洞察客户需求。在数据收集和分析方面，企业要充分利用大数据等数字化技术，提升数据收集效率和分析能力。

（3）优化产品和服务。通过与客户建立连接以及数据分析，企业得以掌握客户的需求，此时可针对客户需求推进产品和服务的优化创新。

产品和服务创新的实现路径与技术创新大体类似，包括自主创新、合作创新和外部获取。自主创新是企业凭借自身力量独立开展创新活动，对于企业的资源条件和研发能力要求较高，多为实力雄厚的大型企业所采用；如果企业资源和人才有限，缺乏相关的技术积累，可以与其他的企业或科研机构合作开展创新活动，或者将创新委托给其他机构；外部获取是通过某种手段从外部直接得到已经存在的创新成果，具体的手段有购买、授权许可、企业合并等。

3. 商业模式创新

商业模式帮助企业实现价值的创造、传递、获取，包含重要合作、关键业务等九项基本构成要素，具体如图1-7所示。与商业模式的作用和构成相对应，商业模式创新与价值密切相关。

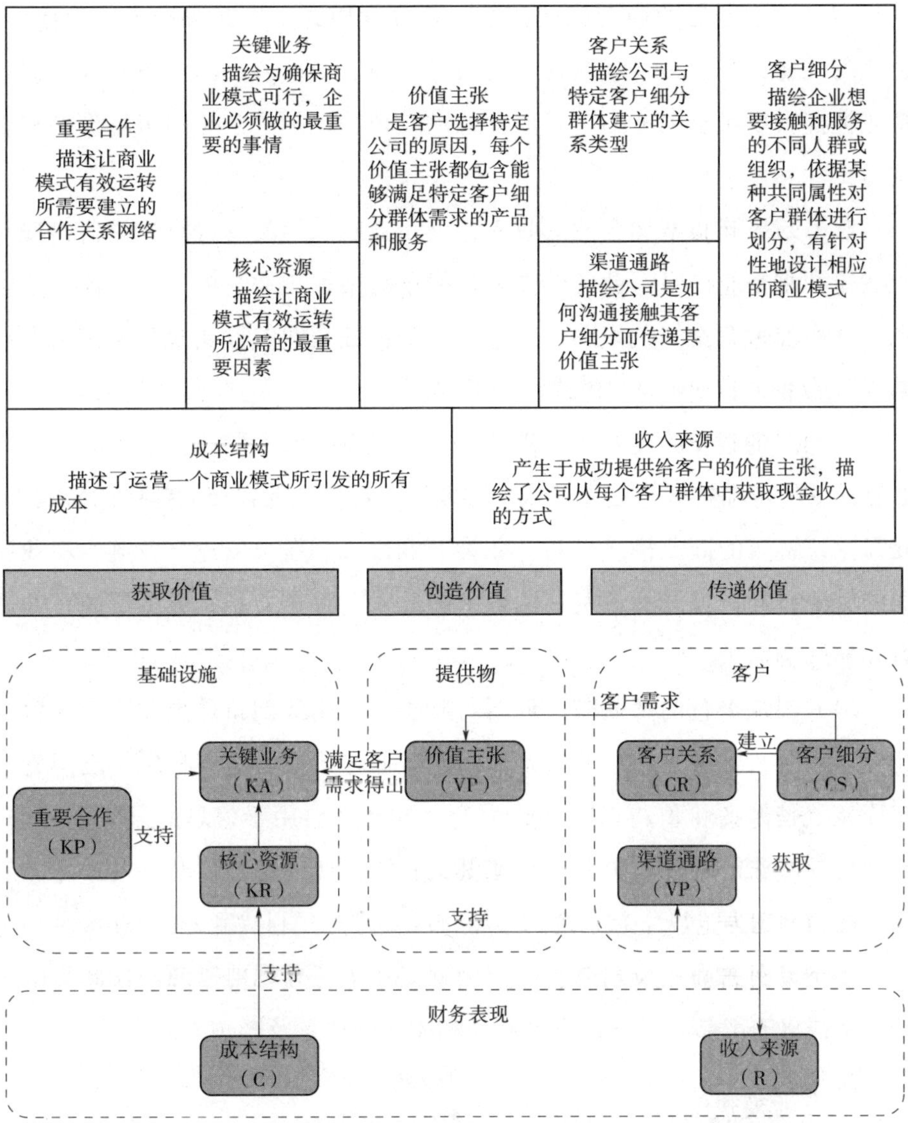

图 1-7　商业模式构成要素

具体而言，企业的商业模式创新分为三类，它们围绕的中心分别为业务、链条、平台。

（1）围绕业务的商业模式创新。在商业模式中，业务居于核心地位，企业围绕业务制定市场战略，参与市场竞争。全面合理的业务布局可提升企业把握市场机会的能力，扩展业务所及范围，扩大企业的市场份额和影响力。

业务的拓展将增加企业的收入，使企业收入结构变得更加健康，提升企业盈利水平。同时，业务的多元化发展将使得企业与更多的主体产生联系，从而壮大企业的关系网，从合作层面加固企业的发展根基。在诸多要素创新的推动下，新商业模式得以形成。

（2）围绕链条的商业模式创新。企业以现有的主要业务为中心，向产业链的其他环节扩展，逐步形成全链闭环，提高企业在产业链中的影响力，此即围绕链条的商业模式创新。此类商业模式创新可依托产业链实现业务间的有效协同，提升业务发展的效率和质量，为企业积累更多资源，并规避外部风险。

（3）围绕平台的商业模式创新。此类商业模式创新是企业基于平台构建生态系统，服务于用户的特定需求。企业在价值创造者和用户之间建立起连接，使核心价值得以传递给用户，构建平台用于信息的采集和互动，合理调配产业链的各项资源，打造健康有序的产业生态，充分发挥各方的主动性和创造力，以生态系统为基座实现多方的互利共赢。

围绕平台的商业模式创新的积极意义在于充分利用资源，在此基础上开发多样化的产品和服务，提高产品和服务的质量及影响力。

1.2.3 企业创新动力系统

创新动力系统由创新主体架构、创新平台建设、创新管理制度、创新管理流程、创新资源能力五部分组成，在企业创新体系中发挥基础性作用。

1. 创新主体架构

企业创新主体架构通常为创新管理部门，其职责为管理企业的创新活动，在企业创新的各参与者之间发挥协调作用，为企业创新提供组织层面上的支持。创新管理部门的具体职能如图1-8所示。

- ✓ 草拟企业创新管理体系建设方案
- ✓ 制定创新激励政策
- ✓ 策划组织与管理科研项目
- ✓ 探索和搭建创新服务平台或中心
- ✓ 各类科研基地建设与发展管理
- ✓ 知识产权与科技成果申报、管理
- ✓ 创新业务监管
- ✓ 组织开展经营管理创新交流和培训活动

图 1-8　创新管理部门的职能

统筹是创新主体架构的主要职责，统筹能力是评价创新主体架构的重要指标。有效的统筹能够帮助企业有序地开展创新活动，建立起完善的企业创新体系。创新管理部门的统筹包括横向统筹与纵向统筹，横向统筹的对象为企业各职能部门，纵向统筹的对象则为企业的下级子公司。

2. 创新平台建设

创新平台是企业创新的重要阵地。创新平台建设的主要对象为专业研发平台和创新开放平台，前者属于技术创新平台，后者则是资源整合平台，如图1-9所示。

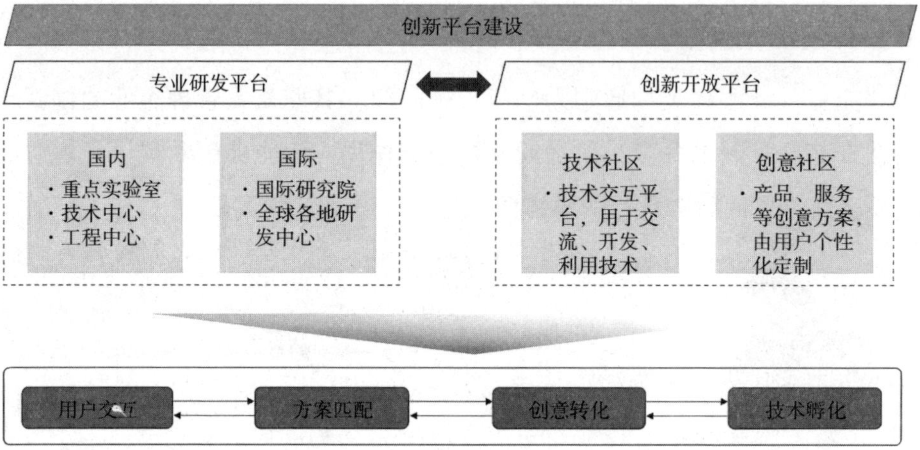

图 1-9　创新平台建设

专业研发平台的建设包括国内和国际两个层面。国内研发平台通常是企业技术创新的主阵地，具体组织形式有重点实验室、技术中心等，负责开展研发创新活动，并推动创新成果的转化应用。与此同时，企业也应注重国际研发平台的建设，与全球范围内的优秀技术型企业建立合作关系，创立国际研究院和各地区的研发中心，实现资源共享和共同研发，提高研发效率及研发成果的开放性，扩大企业的国际影响力。

创新开放平台包括技术社区和创意社区，以线上交流平台的形式促进资源的整合。其中，技术社区主要用于技术资源的整合，企业可在此平台围绕技术展开交流，推进技术的开发创新，更深入地挖掘技术的利用价值。创意社区则用于汇聚创意方案，企业可以在此平台发布产品和服务的全新方案设想，讨论方案的可行性和实现路径，同时企业可鼓励用户参与创意社区，了解用户的个性化需求，据此开展个性化定制。

创新开放平台可充分调动多创新主体的创造性，通过集思广益提升创新效率，产出更多高质量的创新成果，极大地促进企业创新的进步。

3. 创新管理制度

创新管理制度是为创新提供制度上的保障，有人才、资金、技术等多项要素的参与，其核心在于评价制度和激励制度。

（1）评价制度。创新的特质体现为开创性、革命性、颠覆性，但是这并不代表创新可以无视现行的规则和状况。创新需要从实际出发，符合当前规律，这是提高创新能力的重要前提。企业需要准确评价自己的创新能力，这样才能对创新行为和创新模式形成正确的认知并作出改进，从而实现创新效果的优化。在企业创新能力的评价方面，有创新投入、协同创新、知识产权、创新驱动四项指标可供参考，每项指标可进一步分为二级指标和三级指标。企业创新能力评价指标见表1-2。

表 1-2　企业创新能力评价指标

一级指标	二级指标	三级指标
创新投入	创新经费	创新经费投入占主营业务收入比重 R&D 经费支出占主营业务收入比重
	创新人力	R&D 人员占就业人员比重 就业人员中硕博毕业生所占比重
	研发机构	研发机构 R&D 经费投入占企业 R&D 经费的比重 研发机构 R&D 人员投入占企业 R&D 人员的比重
协同创新	产学研合作	开展产学研合作的企业占全部企业的比重 企业 R&D 经费外部支出中高校和研究机构所占比重
	创新资源整合	技术引进经费与 R&D 经费的比值 消化吸收经费与技术引进经费的比值
	合作创新	开展合作创新的企业占全部企业的比重 合作创新专利量占专利申请总量的比重
知识产权	知识产权创造	企业发明专利申请量占专利申请量的比重 10 万元 R&D 经费投入的发明专利申请量
	知识产权保护	拥有专利的企业数占全部企业的比重 万名企业就业人员发明专利拥有量
	知识产权运用	已实施发明专利占全部发明专利的比重 专利许可和转让收入与新产品销售收入的比值

续表

一级指标	二级指标	三级指标
创新驱动	创新价值实现	新产品营销费用占全部营销费用的比重 新产品销售收入占主营业务收入的比重
	市场影响力	PCT 申请占发明专利申请的比重 有自主品牌的企业占全部企业的比重
	经济社会发展	劳动生产率 综合能耗产出率

（2）激励制度。创新人才是企业创新的主体，要想吸纳并留住更多的创新人才，企业需建立合理的激励制度。创新人才不只有物质上的需求，也有职能和精神上的需求，因此企业的激励要兼顾物质激励和精神激励，在给予人才足够物质回报的同时，为其创造广阔的职业发展空间，并使其在精神层面感到充实和富足。由此出发，企业的创新激励制度由薪酬激励、晋升激励、情感激励组成，各项激励的具体内容如图1-10所示。

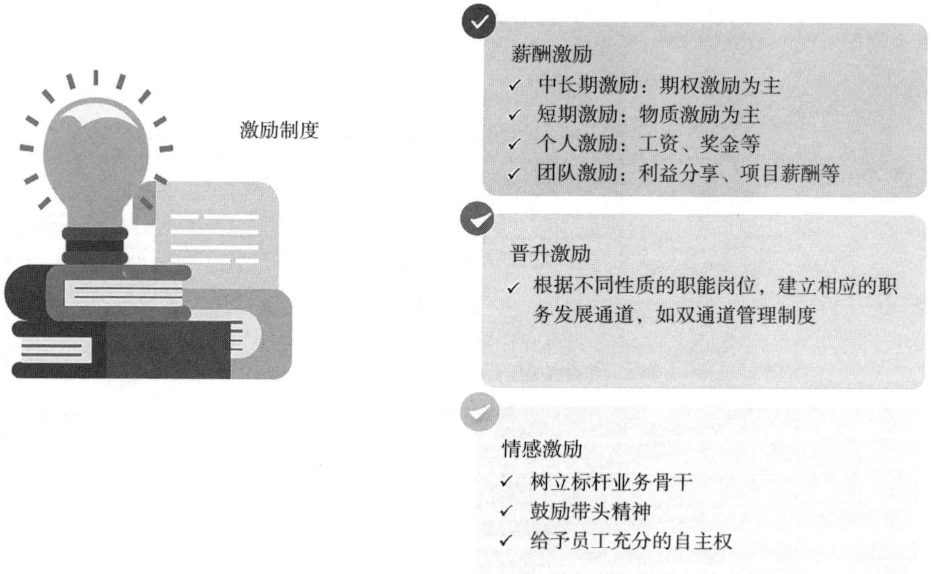

图 1-10 企业创新激励制度

4. 创新管理流程

流程创新是生产方式、管理体系、操作程序的变革，很多时候能够产出具有独创性的无可替代的创新成果，帮助企业建立起牢固的竞争优势，在一段时间内掌握竞争发展的主动权。

管理流程应当符合市场化的要求，根据环境条件变化持续更新迭代，同时在效率和准确性方面表现出色，这是管理流程创新的目标和方向。在流程创新方面，企业可基于历史数据构建模型，得到关于市场趋势的预测结果，据此开展流程优化，实现经营效益的最大化。

5. 创新资源能力

企业创新活动的开展以及创新体系的构建都要用到一定的资源，并以相关的能力作为支撑。因此，创新资源能力对于企业创新至关重要。按照资源的存在形态，可将企业创新资源划分为有形资源和无形资源两类。前者包括资金、材料、设备、场地等拥有实际物质形态的资源，后者则包括品牌、文化、知识、合作关系等非物质性的资源。

企业创新能力由组织管理能力和业务发展能力两部分组成。前者主要涉及管理层面，比如战略管理、人力资源管理、项目管理等；后者则服务于企业的各项业务，包括采购、运维、资本运作、研发创新等。

企业创新资源能力的具体构成如图1-11所示。

1.2.4 企业创新支撑系统

创新文化是创新支撑系统的重要组成部分，是企业创新体系的精神支撑，与创新有关的价值观、准则、规范、文化环境都属于创新文化。创新文化强调勇于探索和尝试，不畏惧挫折和失败，以更高的价值作为目标，持续改变和进步。创新文化在思想理念层面为企业创新树立起路标，有助于在企业创新各参与者之间形成凝聚力，对创新起到引导和促进作用。

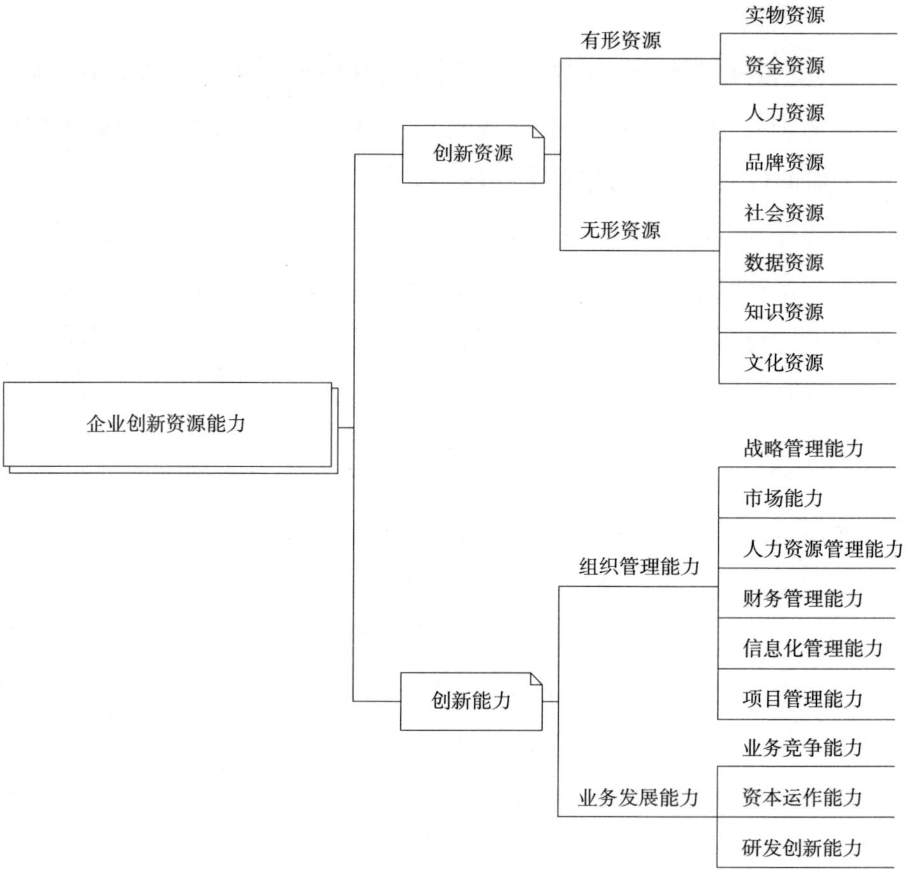

图 1-11　企业创新资源能力

创新要求颠覆和冒险，而管理却是对规则和秩序的维护。因此，创新和管理在某种意义上是相冲突的。如何调节二者的矛盾是建立健康创新文化的关键。企业需要在激发创新活力的同时保持管理的规范性，在创新和管理之间寻求平衡。针对创新与管理之间的微妙关系，企业在执行创新文化时可借助相关工具，比如目标与关键成果法（OKR）和个人品牌积分系统。

1. OKR

OKR主要用于指导员工审视自己工作的完成情况。

在制定目标时，OKR同时使用“自上而下”和“自下而上”两种方式。“自上而下”即从企业管理层出发，围绕企业战略，逐级形成企业目标、部门目标、团队目标；“自下而上”则鼓励员工个人制定目标，并与上级围绕目标展开讨论。两种制定目标的路径相向而行，两者之间互为参照。“自上而下”着眼于总体战略和全局发展制定企业目标，具备较强的科学性和明确的方向性，同时各级目标的层层递进、环环相扣也体现出目标制定的规范性和条理性；“自下而上”则强调员工的自主性，提高员工在目标制定过程中的参与度，使员工角色由单纯的企业目标执行者转换为目标的思考者和制定者，充分发挥员工的主动性和创造性，体现创新文化的激励效果。

OKR通过双向目标制定，实现了创新和管理的平衡，可作为企业推行创新文化的实用工具。OKR的执行过程如图1-12所示。

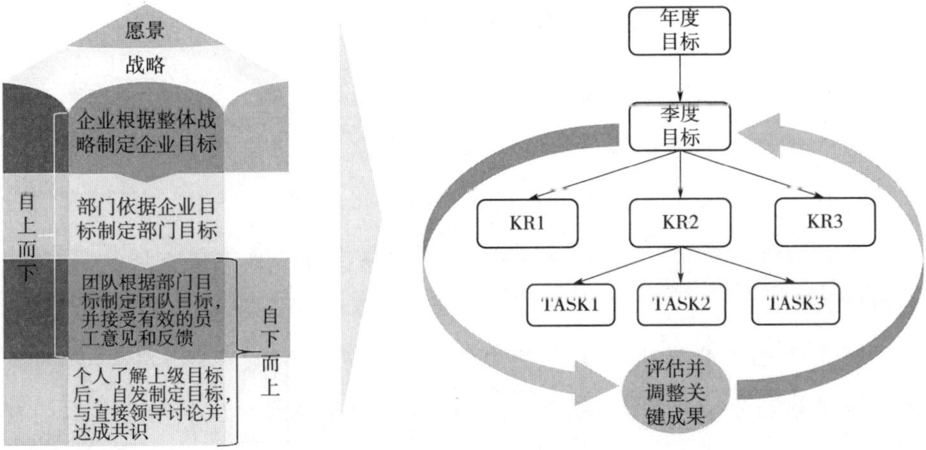

图 1-12　OKR 的执行过程

2. 个人品牌积分系统

在个人品牌积分系统中，每名员工都会获得一个印象分，代表企业对他们的印象。企业提倡和鼓励的内容在系统中表现为加分，企业反对和排斥的内容在系统中表现为扣分，由此企业借助系统明确地表示出自己的价值取向。个人品牌积分系统用积分的形式，清晰地展现员工表现，督促员工规范行为，有助于企业规章制度的贯彻落实。

通过建立线上评分系统，明确加、减分的规则和依据，并设立对应的奖惩机制，企业能够用管理制度的推行强化企业文化的落实，利用较低成本解决创新与管理之间的矛盾。

在将个人品牌积分系统应用于企业创新时，企业要制定明确的积分规则，并确保规则的执行。根据每名员工的得分情况，企业给予奖励或惩罚，鼓励员工在实际行动中贯彻企业创新文化，为企业创新作出自己的贡献，从而促进企业的整体发展。个人品牌积分系统是一种低成本的实用工具，在调节创新和管理间冲突方面作用显著。

借助于OKR、个人品牌积分系统等工具，企业可以打造良好的创新支撑系统，从而为企业构建创新体系提供助力。

2004年，阿里巴巴正式形成“六脉神剑”价值观，具体内容为客户第一、团队合作、拥抱变化、诚信、激情、敬业。其中，客户第一确定了阿里巴巴员工工作的重点，团队合作和拥抱变化是员工面对外部环境时的行动方式和态度，诚信、激情、敬业则是作为阿里巴巴员工应当拥有的品质，如图1-13所示。

阿里巴巴十分强调以上六条价值观在公司内部的地位，将其列为员工业绩考核的重要指标之一。阿里巴巴借助价值观考核，调动起员工的创新积极性，在保证员工管理规范性的同时激发了创新活力，为调节创新与管理间的关系提供了成功范本。2019年，阿里巴巴正式公布了“新六脉神剑”，企业的使命、愿景、价值观也全面升级。

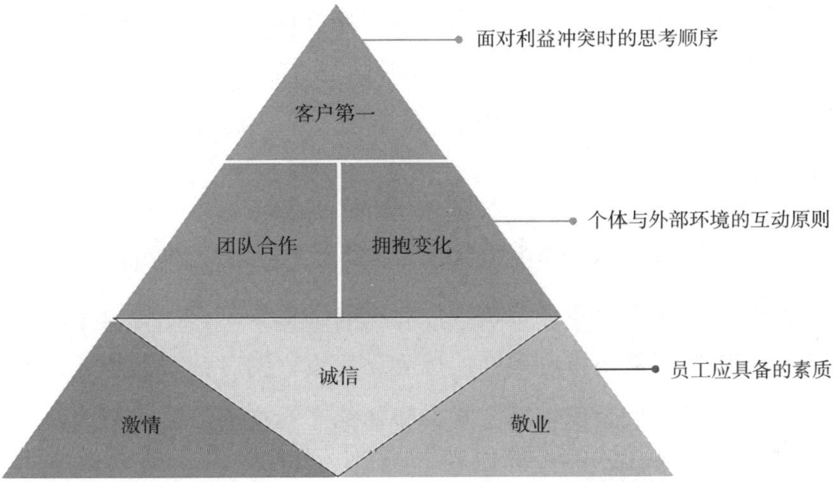

图 1-13　阿里巴巴旧版“六脉神剑”价值观考核体系

综上，创新体系对于企业发展乃至我国整体的社会经济发展有着重要意义。高质量发展是我国当前的主要发展目标，实现这一目标需要企业的创新驱动转型，而企业创新体系在创新驱动转型中发挥着至关重要的作用。企业应积极推进创新目标系统、创新行为系统、创新动力系统、创新支撑系统的建设，在提升自身竞争力的同时为高质量发展目标的达成尽份力。

1.3　数智变革：企业数字化转型创新实践

1.3.1　数字化转型的四个维度

在新一轮科技革命和产业变革的背景下，数字化转型成为大势所趋。

数字化转型基于大数据、人工智能、云计算等技术，强调数据这一新生产要素的作用，致力于培育新业务和新动能，全面提升创新水平，推动传统产业的转型升级，提升生产效率和发展质量，开辟更广阔的发展空间。

具体而言，推进数字化转型重点关注以下四个维度：

1. 数字化转型：信息技术引发的系统性变革

信息技术是新兴技术，是新兴产业发展的重要驱动。在信息技术的作用下，数字化转型需要推进硬件的标准化建设，同时针对具体场景推出更多的定制化软件，以改变生产方式和整体的产业格局，取得新的产业发展成果，提高产业发展质量。

在信息技术引起系统性变革的背景下，企业的数字化转型将同时涉及技术层面和管理层面，需要企业制定新的发展战略，加强数字化相关技术的研发创新，持续提升数字化能力，同时建立与数字化发展要求相适应的管理模式。在数字化转型的过程中，企业生产力与生产关系之间将形成相互促进的关系，共同推进企业的向上发展。

2. 根本任务：价值体系优化、创新和重构

数字化转型致力于提升价值收益，为此需建立新的价值体系，提出买方市场的新价值主张，通过能力建设和共享，强化价值创造和传递能力，寻求全要素的价值支持，形成以业务价值为中心的全新价值获取方式，使创造新价值成为可能。价值体系创新将确保数字化转型的完整性和转型质量。企业价值体系重构的具体内容如图1-14所示。

价值体系重构是转型的必备要素，在一切以组织为主体的经济活动中均是如此，如果价值体系未发生改变，那么意味着转型并未最终完成。

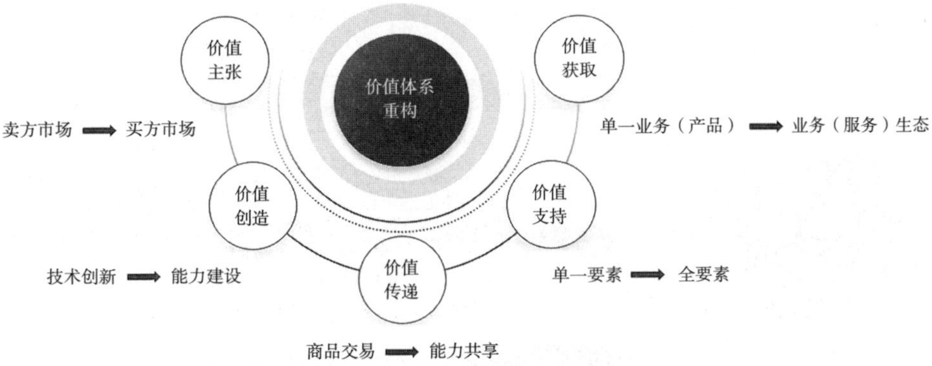

图 1-14　企业价值体系重构

3. 核心路径：企业新型能力建设

数字化转型不是局部的创新，而是全局性、系统性的创新，因此转型过程可能会引起较为剧烈的动荡，伴随着较高的风险和不确定性。数字化转型的特质，要求企业加强数字时代的新型能力建设，以确保转型的顺利推进。这里所说的新型能力，体现为数字化生存和发展能力，企业需结合环境条件有效运用信息技术，从内部和外部强化组织能力，加快新业务布局，培育全新动能，以创新驱动转型发展，提升自身的核心竞争力。

在数字经济时代下，信息技术的广泛应用将构建多元化的发展格局，组织应积极顺应信息时代的发展趋势，把握数字经济带来的机遇，全面提升新型能力，以更好地适应市场需求，在新时代下实现新的发展。

4. 关键驱动：发挥数据要素的价值

数据是信息时代出现的新生产要素，与土地、人力等传统生产要素相比有独特的价值。数据要素的作用、应用及成效如图1-15所示。

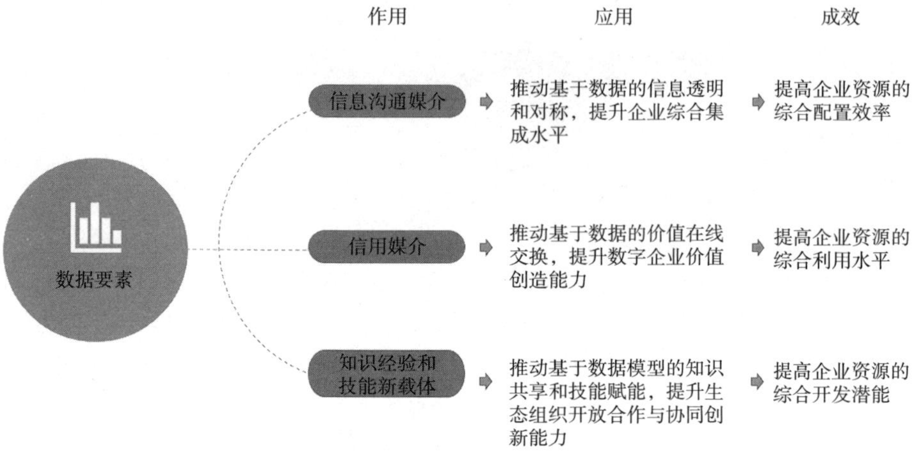

图 1-15　数据要素的作用、应用及成效

具体来说，数据要素的作用主要体现为以下三个方面：

- 数据可扮演信息沟通媒介的角色，在数字化转型中实现信息的透明化，促进企业的集成化发展以及资源的合理配置。
- 在区块链等技术持续进步的背景下，数据可充当信用媒介，在数字化转型中为价值互换创造条件，培育企业价值创造能力，促进资源的高效利用。
- 数据可用于承载知识经验与技能，在数字化转型中促进知识与技能的交流，使企业资源发挥出最大的价值，为创新协作提供有力支持。

1.3.2　数字化转型的总体框架

数字化转型的总体框架由主要视角、过程方法、发展阶段三个方面组成，分别代表转型的任务体系、方法体系、路径体系。

主要视角由制定发展战略、培育新型能力、形成系统性解决方案、构建治理体系、业务创新转型五项内容组成，它们是数字化转型要完成的任务，各项任务间彼此关联。过程方法与主要视角一一对应，是用于执行任务的具体方法，各项方法之间同样存在关联。数字化转型总共需要经历初始级、单元级、流程级、网络级、生态级五个发展阶段，主要视角在各阶段需遵循一定的要求。

创造价值是企业的重要任务。过去，企业主要借助技术实现规模化生产，提升生产效率，增加单位时间内的产出，由此完成价值的创造。而资源消耗和环境保护问题的日渐凸显使得物质财富增长进入瓶颈期，强调技术和规模化的旧有价值创造方式亟须改革。在新的环境条件下，企业应当更加注重发展的适应性和灵活性，增强应对风险的能力，力求创造增量价值。以价值为导向的数字化转型如图1-16所示。

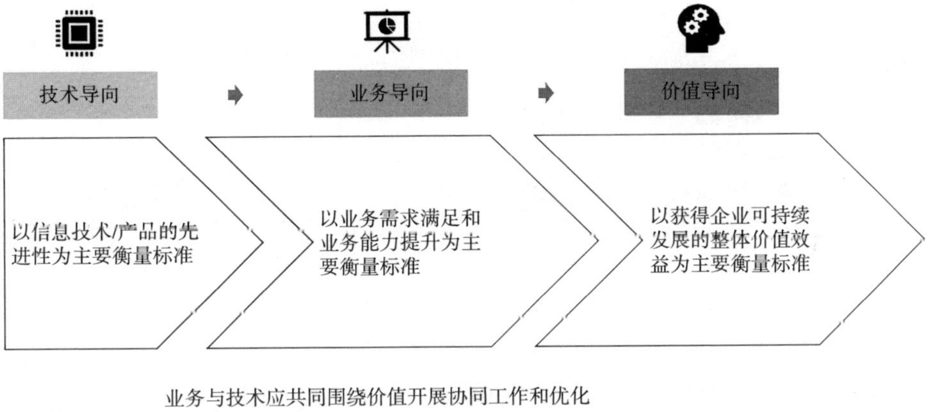

图 1-16 以价值为导向的数字化转型

对于企业而言，数字化转型带来的改变不只体现在生产方式上，同时还体现在业务体系和价值模式上。数字化转型能够帮助企业重塑业务结构，开拓价值增长空间，促进企业高效运行，节省企业运营成本，提升企业发展的总体质量。

企业的业务活动会产生一定的价值效益，这种效益体现在经济和社会两个层面。价值效益是企业数字化转型的主要导向，因而在推进数字化转型的过程中，企业要对价值效益的具体内容形成清晰的认识，从而构建由价值效益引领的转型机制，这是保障数字化转型质量的关键，也是企业可持续发展的重要支撑。

数字化转型的价值效益有生产运营优化、产品/服务创新、业态转变三类，分别对应传统业务、延伸业务、新型业务，同时三类价值效益的价值空间是依次递增的，具体如图1-17所示。

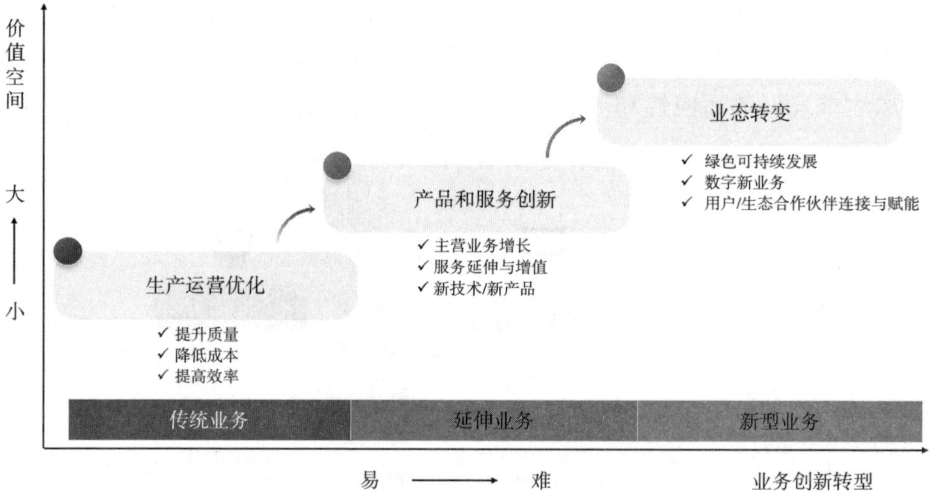

图 1-17 数字化转型的三大类价值效益

构建价值效益分类体系，需要归纳每一类价值效益下的细分效益，明确数字化转型的主要目标。

1. 生产运营优化

此类价值效益对应的业务体系通常较为稳定，以传统的存量业务为主，价值的创造和传递在内部价值链中完成，通过传统意义上的生产和贸易活动获取价值。

生产运营优化类价值效益由三个方面组成：提高效率，包括与大规模单一产品生产对应的规模化效率，以及与多样化生产对应的多样化效率；降低成本，包含研发、生产、管理等各个环节的成本；提升质量，提升对象包括物料质量、产品质量、服务质量、供应链管理质量等。

2. 产品和服务创新

此类价值效益对应的业务体系由传统业务延伸而来，所以同样具备较高的稳定性，其价值创造和传递超出了企业的内部价值链，通过延长产品和服务链获得业务增量，并从技术/产品体系创造的增量中获取价值。

产品和服务创新类价值效益的具体内容包含三个方面：研发新技术，开发新产品；延伸服务，创造更高的服务价值；推动主营业务的进一步发展。

3. 业态转变

与其他两类价值效益不同，业态转变类价值效益的业务体系与传统业务差异较大，它以数字业务为主，呈现出数字经济时代下的全新特质。这一业务体系价值创造和传递的场所不再是单一的价值链，而是更加开放的价值生态，并从多方参与的业务生态中获取价值。

业态转变类价值效益由三个方面组成：与用户或生态建立合作关系，发挥合作的赋能作用；开发适应数字化发展需要的数字业务；贯彻绿色发展理念，实现可持续发展。

参照数字化转型价值效益的具体构成，企业可基于总体战略和业务场景优化价值体系，加强价值效益所需的新型能力建设，通过价值的整合、叠加等操作，对价值进行充分挖掘。

1.3.3 数字化转型的五大任务

在数字经济时代下，信息技术将改变传统的生产方式和业务模式，推动产业结构发生深刻转变，建立新的价值体系。信息技术将带来技术和管理层面的变革，同时改变生产力和生产关系，通过价值体系重构获取新价值，用新动能代替旧动能。

在数字化转型过程中，价值体系重构至关重要，为此组织需着眼于数字化转型的主要视角和主要任务，高质量完成价值体系优化工作，为数字化转型提供有力支撑。下面具体介绍数字化转型的五大任务。

1. 发展战略

任何组织都需要发展战略作为行动指导，同时也需针对数字化转型制定相应的战略。组织应从全局出发坚持数据驱动，实现数字化转型战略和总体发展战略的有机结合。

面对日益复杂的市场环境，适应数字经济时代新的发展要求，组织应着力打造新型竞争格局，改变单一竞争的旧有局面，促进多元化的竞争与合作，确立新的竞争合作优势。对此，企业应当从以下方面入手：

- 强化技术应用：加速推进技术应用，扩大信息技术的应用范围，实现涉及生产方式、产业建设、运营管理等多个领域的综合性应用，推出新技术和新产品。
- 强化模式创新：针对管理调度、业务场景、商业运作等，创立新的模式，促进跨部门合作和产业协同发展，为创新驱动转型提供重要基础。
- 强化数据驱动：突出数据生产要素的作用，在数据的驱动下改变现有的业务格局，实现传统业务数字化转型，开拓数字新业务。

2. 新型能力

组织需制定关于新型能力的策略和规划，为新型能力建设提供指导，并在实践中检验建设效果，推进新型能力的持续优化。同时，组织应将新型能力与业务场景结合起来，提高对市场需求的适应性，促进业务创新转型。

此外，组织需注重价值创造能力的建设，如产品创新能力、研发创新能力等，开发具备更强竞争力的核心技术，推出附加值更高、盈利能力更强的产品，更快地完成价值转化。产品创新能力包含多项能力，这里仅列举较有代表性的两项：

- 产品数字化创新能力：运用信息技术开发数字化产品，加强产品与用户间的交互性，满足用户多样化的使用需求，带来更加优质的使用体验。
- 数字化研发设计能力：将信息技术应用于研发设计环节，推进研发创新，在数字化的作用下增强研发的协同性，基于自我优化，提高研发的质量和效率。

3. 系统性解决方案

系统性解决方案的制定和执行，需从数据、技术、流程、组织四要素入手，并借助四要素的相互关联和共同作用进行解决方案的优化，助力新型能力建设。

在四要素中，数据要素的作用较为关键，组织需推进数据的资产化，充分开发数据价值。针对数据要素开发，组织需采取的措施主要有以下三项，另外在实际中还需视情况采取其他措施：

- 扩大数据采集范围，增加采集手段。运用传感技术等多项技术开展数据采集，收集设备数据、产品数据、业务数据、供应链数据等涵盖全过程的多类型数据。
- 注重数据整合，实现数据共享。运用相关的平台和设备整合多源异构数据，促进数据的顺畅流通和共享共用。

- 提高数据建模水平，推进数据模型应用。从单元、流程、网络、生态各个层级入手，开展数据建模工作，并将模型应用于决策、数据挖掘等。

4. 治理体系

针对新型能力建设和业务转型，组织需构建完善的治理体系，从管理层面支持数字化转型的推进。在体系建设中，组织需要建立完备的数字化人才队伍，合理配置数字化资源，确立符合数字化发展需要的领导和管理模式，另外还要注意加强安全防护。治理体系建设的各项工作具体如下：

- 建立关于数据、技术、流程、组织四要素的管理模式，全方位提升治理能力，确保各项工作的有序开展。
- 组织的领导层需从全局出发进行战略部署，发挥统筹和协调作用，根据数字化需求强化领导能力，建立有效的领导机制。
- 开展数字化培训，促使组织成员熟练掌握数字化技能，让数字化理念深入人心，建立起高质量的数字化人才队伍，并通过绩效考核、薪酬激励等方式，调动人才的积极性。
- 构建完善的资金管理和调配机制，充分利用数字化资金，使每一分资金都发挥出最大的价值，并转化为实际的新型能力建设成果。
- 加强安全防护，打造完备的防护体系，运用有效的安全防御手段，保障网络、系统、信息数据等各个层次的安全，为新型能力建设提供牢固的安全保障。

5. 业务创新转型

新型能力是业务创新转型的重要驱动力，组织应基于新型能力建设推进业务转型升级，改造传统业务，打造全新的数字业务，更好地适应市场需求变化，提升业务层面的核心竞争力，获取更高的经济收益。

培育数字业务需要数字化相关的技术、资源和能力作为支撑，同时推进数据的资产化。具体而言，数字业务主要包含以下三类：

- 数字资源服务：向用户提供各种类型的数据，供其执行分析、交易等操作。
- 数字知识服务：向用户提供数字化的知识库、知识工具等。
- 数字能力服务：包括用于研发、生产、管理等各个环节的数字能力，满足用户的实际业务需求。

数字化转型的关键在于重构价值体系，要求组织加强新型能力建设，为转型提供重要基础。以上较为详细地介绍了数字化转型的五项主要任务，组织在推进转型时应当以此为参考，注重五项任务间的关联和相互作用，助力数字化转型达到预期效果。

1.3.4 数字化转型的实践法则

近年来，全球竞争日渐激烈，为了实现可持续增长，强化竞争优势，企业亟须进行数字化转型。在数字化转型过程中，企业可能会面临许多技术和管理方面的问题，为了顺利推进数字化转型工作，必须找准实施数字化转型的有效方法，灵活运用科学的实施技巧，并检测和规避各项潜在风险。具体来说，数字化转型的实践法则如图1-18所示。

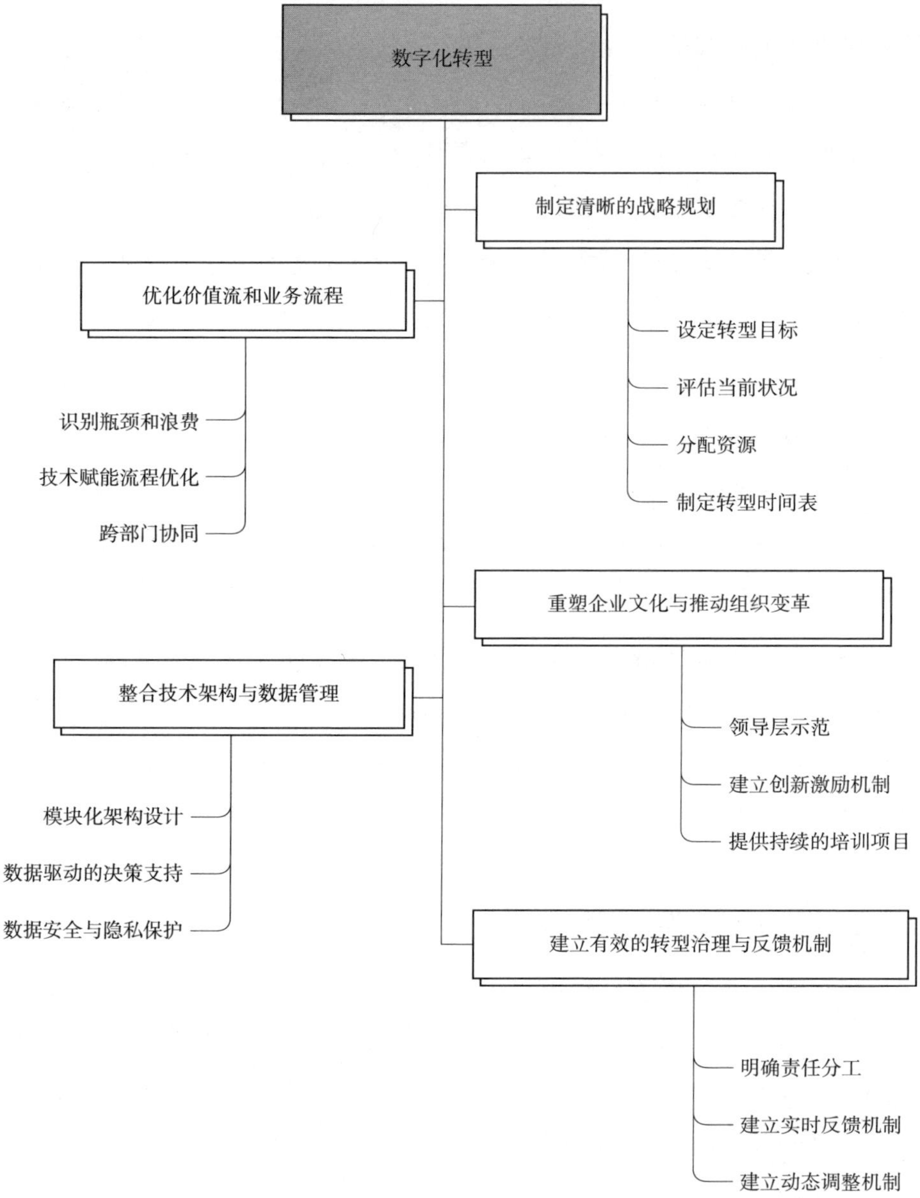

图 1-18　数字化转型的实践法则

1. 制定清晰的战略规划

从实际转型过程来看，首先，企业需要制定清晰的战略规划，明确数字化转型的原因和目标，并挖掘可利用技术手段实现业务目标的有效方法。

具体来说，制定数字化转型战略规划主要涉及以下四个环节：

- 设定转型目标：企业需要明确数字化转型目标，如扩大市场占有率、提高运营效率、优化客户体验等。
- 评估当前状况：企业需要从数字化基础设施、业务流程、技术能力等多个方面入手，对自身的数字化现状进行分析，并找出需要优化调整的部分。
- 分配资源：企业需要根据数字化转型目标划定各个项目的优先级，并据此分配预算和人力，充分保证资源分配的合理性。
- 制定转型时间表：企业需要制定具有可行性的转型时间表，为各个项目设置明确的阶段性目标，并针对不同的阶段建立相应的评估机制。

在完成数字化转型战略规划的制定工作后，企业还需充分发挥敏捷开发的作用，按部就班地落实各项数字化转型相关工作。具体来说，敏捷方法具有较强的灵活性，且迭代速度较快，可以为企业针对市场和客户需求的变化实施调整战略方案提供方便。企业还可以通过渐进式实施转型项目来规避风险，在项目的各个阶段及时获取各项反馈信息，并据此进一步优化数字化转型战略。

2. 优化价值流和业务流程

价值流是企业数字化转型过程中不可或缺的一项工具，可以为企业理解转型过程中的各个关键环节提供支持。对企业来说，优化价值流有助于提高效率、优化客户体验、减少成本支出；重新设计价值流有助于优化业务流程，在最大限度上提升业务流程的价值创造能力。

从实际操作来看，企业需要针对客户需求对整个价值链进行优化升级。具体来说，在价值流优化方面，企业需要具备以下三项能力：

- 识别瓶颈和浪费：企业应充分发挥流程分析工具的作用，识别出价值流中的瓶颈和非增值活动，并利用自动化技术处理各项相关工作，减少浪费。
- 技术赋能流程优化：企业应充分利用自动化工具和人工智能技术，提高决策的智能化程度和执行的自动化程度，降低人工在整个流程中的参与度，提升各环节的响应速度。
- 跨部门协同：企业应建立跨部门协作机制，加强各个环节之间的联系，为各个部门之间的信息交流和合作提供支持。

3. 重塑企业文化与推动组织变革

企业文化是支撑企业在数字化转型过程中实现技术革新和业务变革的关键。若要实现数字化转型，企业必须打造开放、创新、敏捷的企业文化，鼓励员工积极参与变革，并提升组织的适应能力，具体可以从以下三个方面切入：

- 领导层示范：企业领导层应参与数字化转型工作，并充分发挥引领作用，同时向各级员工表明转型的紧迫性和重要性，提升员工参与数字化转型工作的积极性。
- 建立创新激励机制：企业需要利用激励机制来激发员工进行数字化创新的热情，鼓励员工为企业数字化转型贡献想法和建议，并在资金和资源层面为实现各项优秀的创意提供支持。
- 提供持续的培训项目：企业需要开启持续性的培训项目来对员工

进行培训，帮助员工掌握各项数字化技能，提高员工的工作能力和对新环境的适应能力。

4. 整合技术架构与数据管理

在数字化转型过程中，企业需要进一步优化技术架构，充分发挥技术架构在业务和运营方面的支撑作用，以便后续快速推动业务扩展和业务创新。为了应对技术和业务方面的变动，企业需要搭建灵活性高、扩展性强的技术架构。

一般来说，企业可以综合运用模块化技术架构和数据驱动决策来提高技术与业务之间的契合度，并注重数据安全和隐私保护。

- 模块化架构设计：模块化的技术架构可充分保证各个业务单元和技术模块的独立性，支持各个业务单元和技术模块单独优化、升级。以微服务架构为例，在该架构的支撑下，企业可以在不对整体系统造成影响的情况下，进行功能扩展和功能更换。
- 数据驱动的决策支持：企业可以充分利用大数据分析和人工智能技术，从海量数据中提取洞见，提升业务决策的精准度，同时充分发挥实时监控系统和智能分析工具的作用，及时根据市场情况对生产计划、市场策略、客户服务方案等进行优化调整。
- 数据安全与隐私保护：数据安全是影响数字化转型成败的重要因素，企业需要建立健全数据安全管理体系，充分保证各项数据的安全性和合规性，防止出现数据泄露等问题。

5. 建立有效的转型治理与反馈机制

良好的转型治理可以有效防止项目混乱失控，支撑企业顺利推进数字化转型工作。有效的治理框架可支撑企业根据实际情况灵活调整数字化转型策略，是企业实现各阶段的既定目标的关键。

具体来说，在推进数字化转型工作的过程中，企业需要采取以下三项措施来保证转型治理的有效性：

- 明确责任分工：企业需要设立数字化转型委员会，帮助各部门明确职责，了解工作任务，充分保证数字化转型工作的有序性。
- 建立实时反馈机制：企业需要实时跟进数字化转型项目，掌握任务进度，并定期评估绩效，召开反馈会议，以便及时发现和解决转型过程中存在的问题。
- 建立动态调整机制：企业需要提高治理机制的灵活性，及时掌握市场环境和技术的变化情况，并迅速优化调整项目实施方案。

第2章

战略创新

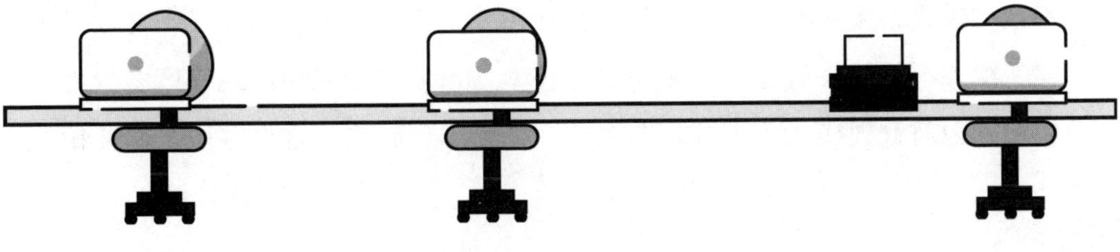

2.1 战略管理：建立企业持续竞争优势

2.1.1 战略管理创新的基本内涵

“战略”是指一种整体性、关键性的方案、对策与谋略，在企业管理领域的研究与应用尤为成熟。

1. 战略管理创新的概念与内涵

宏观视角下的企业战略管理，是指在企业战略的指导下开展企业管理工作；而微观视角下的企业战略管理，则是指对战略管理过程涉及的决策、实施、控制及修正进行有效管理。无论是宏观视角还是微观视角，都能体现出企业战略管理的全局性、根本性及长远性特征。

管理创新是一种通过在企业经营管理实践中引入新理念、模式、方式方法等要素，提高管理效率，降低企业运营成本的过程。也就是说，企业开展管理创新时，将会创造全新的资源整合范式，创新管理思想、模式、工具及方法，提高资源整合力度与效率，实现对组织目标的精细化或全过程管理，是企业面临全新市场环境及消费需求背景下做出的必然选择。

学术界在创新管理研究方面进行了一系列的探索实践，已经形成了技术推动模式、集成模式、全面创新管理模式、市场需求拉动模式、开放式创新模式、系统集成与网络化模式、技术与市场耦合互动模式等诸多较为成熟的创新管理模式。不过，在企业战略管理创新这一垂直领域，研究相对较少，层次较浅。

未来学家阿尔文·托夫勒强调，科学技术的快速发展，会有效提高人类基于自身需求创造资源的能力，这种情况下，信息和知识的价值会被无限放大，成为未来贸易的核心。追求卓越是企业生存发展的重要驱动力，持续创新对企业有较高的价值。企业管理创新不仅局限于管理层面的创新，还包括技术、产品及市场创新。

2. 战略管理理论的主要学派

概括来说，战略管理理论主要包括三个学派，即战略规划学派、产业组织学派、核心能力学派。

（1）战略规划学派。1965年，战略管理鼻祖伊戈尔·安索夫在其出版的《战略管理》一书中，提出了一种应用最广泛的战略分析工具——安索夫矩阵。1970年，波士顿咨询公司创始人布鲁斯·亨德森创造了一种新的战略分析工具——BCG矩阵，又称“增长份额矩阵”，将公司竞争力与市场吸引力放在了一个矩阵上，以确定公司战略制定过程中的资源配置重点。在这个阶段，战略管理对市场环境的稳定性有很高的要求，而现实情况正好与此相反，商业环境的巨变，国际竞争愈演愈烈，导致战略规划学派理论表现出了极大的不适用性。

（2）产业组织学派。1980年，“竞争战略之父”迈克尔·波特在战略管理研究中加入了产业组织理论，将波特五力模型视为产业组织学派的代表理论，认为企业竞争存在五种力量：一是进入壁垒，二是替代品威胁，三是买方议价能力，四是卖方议价能力，五是现存竞争者的竞争。这五种力量对行业竞争规模与程度，以及对产业吸引力有着极其重要的影响。借助波特五力模型，产业经济学与管理学实现了连接，但该模型也存在一些问题，比如该模型只考虑市场竞争因素，没有对政策因素、社会责任、企业文化等因素进行充分考虑；只考虑同行业企业之间的竞争关系，没有对企业间的联盟关系进行考虑。

（3）核心能力学派。1990年之后，人们发现没有通用的战略，于是，企业开始寻找自己核心竞争优势的来源，核心能力学派应运而生，普拉哈拉德和加里·哈默尔为这一学派作出杰出贡献。核心能力学派认为，企业能否成功关键取决于企业的行为反应能力，不是产品，也不是市场结构。行为反应能力指的是企业预测市场发展趋势，快速响应顾客需求的能力。所以，企业战略目标就是找到自己的差异竞争优势，将其开发成自己独有的核心能力。

2.1.2 企业战略管理的四个环节

战略管理主要涉及制定战略和实施战略两项内容，战略管理过程大致可分为战略分析、战略选择、战略实施和战略评价与调整四个环节，如图2-1所示。

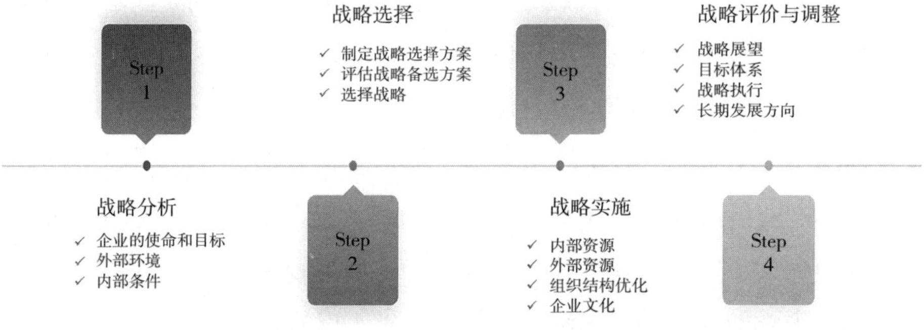

图 2-1 企业战略管理的四个环节

1. 战略分析

战略分析可以帮助企业找出影响其发展的关键因素和战略选择相关影响因素。具体来说，战略分析的内容见表2-1。

表 2-1　企业战略分析的内容

维　　度	要　　点
企业的使命和目标	战略分析可以帮助企业明确自身使命和发展目标，为企业制定和评估发展战略提供支持
外部环境	战略分析包含对企业所处环境及环境变化情况的分析，能够帮助企业及时发现并把握发展机会，感知和规避风险
内部条件	战略分析包含对企业的地位、资源、战略能力、利益相关者的期望、利益相关者在制定和落实战略过程中的反映情况、利益相关者的反应对组织行为的影响等内容的分析，能够帮助企业充分了解内部情况

2. 战略选择

在战略选择环节，企业大多已了解自身现状，需要进一步探索战略方向，确定发展战略中的各项内容。

（1）制定战略选择方案。在制定战略时，企业需要从不同的角度出发，综合考虑多项相关内容，如整体目标的保障情况、中下层管理人员工作积极性的发挥情况、各部门战略方案的协调情况等，并选择合适的方法制定多个战略选择方案。

（2）评估战略备选方案。在对战略备选方案的评估方面，企业既要衡量战略对企业优势发挥情况的影响，判断战略能否最大限度发挥优势、规避风险，也要考虑各个利益相关者对战略的接受程度。一般来说，企业最终的战略选择会受到多方因素的影响，其中，企业管理层、利益相关者等相关人员的价值观和期望是影响战略选择的重要因素，而在战略评估过程中，企业还需要对各项相关财务指标（如收益、风险、可行性等）进行分析。

（3）选择战略。选择战略就是从众多备选战略中选出需要落地的战略。若企业在战略评估环节选用的指标较多，那么战略方案将会出现不同的评价，此时，企业可以借助表2-2的方法来进行战略选择。

表 2-2　企业战略选择的方法

方　法	要　点
根据企业目标选择战略	企业可以选择能够在最大限度上为自身实现企业目标提供助力的战略
聘请外部机构	企业可以从外部机构聘请拥有经验的专家，了解专家对各项备选战略的看法，并据此选择合适的战略
提交上级管理部门审批	中下层机构需要将自身的战略方案提交给相应的上级管理部门进行审批，选出与企业整体战略目标最适配的战略方案
制定战略政策和计划	企业需要围绕研究、开发、资本需求、人力资源等制定相应的战略政策和计划，在政策方面为实现战略目标提供一定保障

3. 战略实施

战略实施指的是通过行动落实战略中的各项任务。具体来说，战略实施主要涉及四个方面的问题：

- 其一，企业内各部门和各层次的资源分配和使用；
- 其二，达成企业目标过程中所需的外部资源类型及其使用方法；
- 其三，对用于支撑战略目标实现的组织结构的优化调整；
- 其四，潜在的利益再分配问题和企业文化适应问题，以及支撑企业逐步落实战略方案的企业文化管理方式。

4. 战略评价与调整

战略评价指的是根据企业的经营业绩来衡量战略方案的科学性和有效性。战略调整指的是根据企业的经营事实、经营环境、思维和机会等，及时优化调整战略方案，让战略随着实际情况及时更新，确保战略能够为企业的经营管理提供指导。一般来说，战略评价与调整主要涉及战略展望、目标体系、战略执行和长期发展方向等内容。

从各行各业的企业的实践情况来看，战略制定和战略实施都对企业的目标达成情况有较大影响，其中，制定高质量且符合企业实际情况的战略是企业成功实现战略的前提，切实有效的战略实施是支撑企业顺利达成战略目标的重要保障。若企业未能制定出良好的战略，但在实施过程中已经弥补了原有战略的缺陷，那么也可能获得好的结果；若企业既没有制定合适的战略，也没有在实施战略时解决各项问题，那么最终结果必然是失败的。

2.1.3 企业基本竞争战略的方法

基本竞争战略由商业管理界公认的“竞争战略之父”迈克尔·波特提出，其方法主要包括成本领先战略、差异化战略、集中化战略三种，如图2-2所示。这三种方法的适用条件和实施要求不同，企业需从中选择一种，作为主导战略。

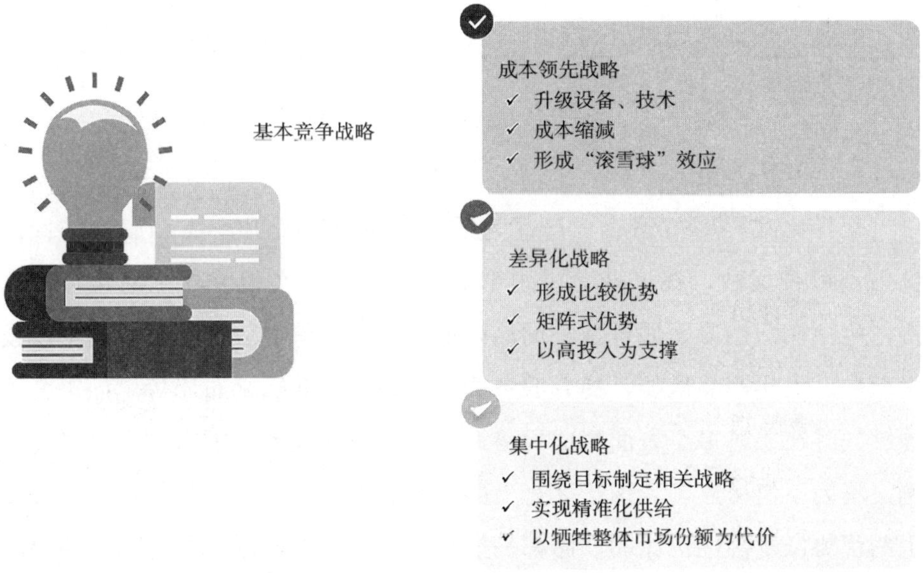

图 2-2 企业基本竞争战略的方法

1. 成本领先战略

成本领先即将企业生产经营的成本控制在低于行业平均水平的范围内，这主要通过借助已有的生产经验进行设备、技术升级，进行规模化生产来实现；同时，还要尽可能控制原材料、研发、营销等方面的成本。

在具体行动上，需要将成本缩减作为计划制订和运营管理的一项重点内容。尽管质量和服务同样是企业取得成功的重要因素，但必须坚持让成本控制纵贯公司生产经营的全部环节，因为同样的市场环境下，更低的成本意味着更大的利润空间。

在达成条件上，如果想取得总成本最低的优势，往往要求企业具有较高的市场占有率，或在与原材料供应商进行谈判时具有较强的议价能力；在产品设计方案和商业模式选择上，也可以通过选择更便于生产的方案和经营管理成本更低的模式，分担固定成本，同时在服务方面通过对所有主要顾客群提供服务来保证销售批量。

实现总成本领先，能够有效帮助企业在盈利方面形成“滚雪球”效应，形成低成本带来高利润、高利润支撑设备与管理升级、设备与管理升级实现低成本的良性循环。

2. 差异化战略

差异化战略即打造企业产品与服务的特色，提升产品和服务的标识性与不可替代性，在产业范围内形成比较优势。实现差异化的路径有很多，包括在营销方面通过独特的品牌形象形成品牌效应、加大研发形成技术壁垒、优化产品性能、提升服务能力、进行商业网络布局等。如果公司能够同时在上述多个方面形成优势，则对企业的发展更加有利。以华为为例，华为不但树立了“国货之光”的良好品牌形象，同时其在技术上开发上的优势以及高性价比的产品都长期在国内的电子产品市场上具有绝对的地位。

如果企业在差异化战略实施方面取得了成功，就能够跻身于产业内的高水平收益队列当中，因为差异化战略形成的优势是矩阵式的，能够更好地帮助企业在与其他力量的抗争中取得优势。但差异化战略的防御形式与成本领先存在一定差异，在波特的观点中，推行差异化战略有时会与企业市场份额的扩大相冲突，前者追求的是差异性而后者进行的前提是普遍性，因而两者难以兼得。

在具体实施过程中，实现差异化往往要以高投入为支撑，同时这一战略的实施存在一定风险，因为企业的独特性与顾客的购买意愿并不具有强相关性，有时即使独特性已众所周知，但愿意为此支付高价的顾客仍旧数量有限。

3. 集中化战略

集中化战略即提升企业生产经营的针对性，聚焦于某一客户群、某一产品线的细分区段或某一细分市场进行产品或服务的提供。与差异化战略相似，集中化战略也具有多种实现形式。不同于低成本和差异化战略在实施过程中将目光进行全行业发散，集中化战略通过确定中心目标，围绕目标制定相关战略，开展生产经营活动。

这一战略实施的内在逻辑是：通过提升业务的针对性，实现产品和服务针对某一群体的精准化供给；通过瞄准某一狭窄的客户群体，进行服务能力的提升，从而实现该用户范围内利益的最大化，以获得比广泛范围内竞争对手更高的利润。

波特认为，这种战略的实施，使得同时获得差异化战略和低成本战略带来的益处成为可能。一方面，针对特定的对象不断提升服务的精准化和专业化程度，本身就是一种差异化行为，能够帮助企业形成比较优势；另一方面，在为特定对象提供服务时，随着生产经验的增加、用户忠诚度的提高等，能够帮助企业实现低成本。若企业在经营过程中真正通过集中化战略的实施达成了以上两点，则将有希望到达行业金字塔的塔尖，这些优势将带给企业更强的抗风险能力，使其处于竞争高地。但集中化战略的实施同样需要以牺牲整体市场份额为代价，其天然地存在利润率与销售额之间的冲突。

除上述企业基本竞争战略的方法外，对于企业而言，波特五力模型提供了企业在进行战略布局时进行参考的战略分析遵循，这也是很多管理学教材都将这一模型作为企业战略分析典型工具的原因。可以说，这一模型在企业战略研究领域具有奠基性作用。但需要注意的是，波特五力模型提供的只是一种普适性的指导，起到的是一种方向引导和思维补充作用，在具体实践中，企业仍需要结合自身实际对其进行灵活运用，切忌将其生搬硬套。

2.1.4 企业战略创新的实践策略

迫于经济全球化及颠覆性的跨界竞争，越来越多的企业开始基于市场需求，对发展战略进行持续创新。和传统工业时代相比，我国企业的管理水平确实得到了一定程度的提升，但和发达国家行业巨头相比仍存在较大差距，尤其是广大中小企业受制于人才、资金缺乏，企业管理水平更是相对较低。企业想要在日趋白热化的市场竞争中存活下来，对传统管理模式进行创新变革、提高企业的资源整合能力与效率就显得尤为关键。

我国企业的战略管理创新需要和我国的市场环境及消费需求充分结合，高效配置人才、资金等资源，推动企业提质增效。同时，经济全球化背景下，国内国际竞争手段愈发复杂、多元，给企业战略管理提出了更高的挑战，对人才与科技要素的管理成为企业竞争力的重要来源。所以，企业在实施战略管理创新过程中，必须对加强人才与科技要素管理给予高度重视。

实施战略管理创新，一方面，可以让企业获得独特竞争优势，避免陷入同质竞争与价格战泥潭；另一方面，可以为企业创造新价值，使企业找到新的增量市场。此外，创新是企业保持活力与生命力的重要途径，实施战略管理创新能够为企业的长期稳定发展提供强大推力。企业战略创新的实践策略如图2-3所示。

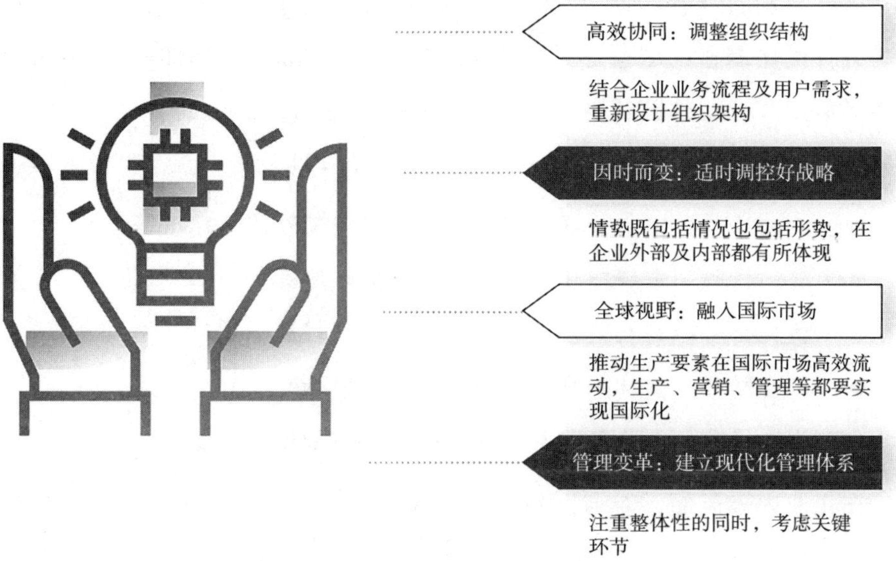

图 2-3　企业战略创新的实践策略

1. 高效协同：调整组织结构

组织结构的调整将对企业管理职能产生关键影响。此前，企业设置组织结构时，往往会基于经济效益最大化，以结果为导向，在企业内部形成利益至上的不良风气，给企业的战略管理创新带来较大阻碍。因此，企业必须对组织结构进行有效调整，结合企业业务流程及用户需求，重新设计组织架构，将分散、对立的管理职能组织转变为高效协同、共谋发展的命运共同体。

同时，企业加强组织管理专业性，必须通过制定并实施企业制度，明确产权关系，解决好所有权和归属权的分离问题，使企业充分参与市场竞争，扫清体制机制障碍，鼓励管理者积极学习、借鉴先进管理经验及手段，并结合企业的实际情况进行微创新。

2. 因时而变：适时调控好战略

在不同发展阶段，企业战略应该有所差异。企业要根据情势，及时对战略进行优化调整，这也是灵活战略管理的具体体现。情势既包括情况也包括形势，在企业外部及内部都有所体现。在企业外部层面，企业面临的情势包括以下五种：

- 政治情势：国家政策、法律法规、国内国际政治环境等。
- 经济情势：市场现状、国内国际经济环境等。
- 文化情势：企业文化的市场认可度等。
- 社会情势：目标用户购买力、消费习惯等。
- 生态情势：企业与社会、自然的和谐关系等。

在企业内部层面，企业面临的情势有人员情况、财务状况、资源情况等。当这些外部及内部情势发生变化时，企业都需要及时做出有效调整。比如，在资本追捧时，企业可以采用补贴大战策略，通过战略性亏损抢占市场份额；但资本遇冷时，企业就需要及时改变策略，提高盈利能力，维持现金流的稳定运行。

3. 全球视野：融入国际市场

具备全球视野的企业，能够放眼世界，从更为高远的维度参与市场竞争。企业迈向国际舞台过程中，需要推动自身的设备、资金、技术、信息、管理等生产要素在国际市场高效流动，生产、营销、管理等都要实现国际化。

自改革开放以来，我国与世界的联系愈发密切，在世界尤其是亚洲经济发展过程中提供了巨大推力。国际化是企业追求利润回报的有效途径，也是经济全球化时代的必然选择。企业实施国际化战略，有可能在潜力无限的世界市场中整合各种优质资源，和更为强大的合作伙伴建立密切合作关系，从低附加值的产业价值链低端环节步入中高端环节。

4. 管理变革：建立现代化管理体系

知识经济时代，所有企业都需要充分把握不断变化的时代潮流、市场规则及用户需求，结合企业的发展现状及利益诉求，提高企业市场竞争力，对企业管理体系进行重新设计及规划，注重整体性的同时，考虑关键环节，最终建立起现代化企业管理体系，为管理创新提供强有力的支持。

企业战略管理创新有助于企业更好地适应现代化竞争环境，企业想要在市场竞争中取得领先优势，必须加强信息化建设，提高对内部及外部变化的感知能力，革新经营与管理理念，向国内国际的领先者学习并借鉴其经验，抓住互联网向各行业渗透且颠覆现有市场格局的短暂发展机遇，积极开展战略管理创新，促使企业提质增效，实现基业长青。

2.2 生态战略：开启商业文明未来形态

2.2.1 构建多方共赢的商业生态

生态战略主张同生态系统内的多方互动，包括企业、供应商、客户等，旨在推进资源、技术、市场等各个方面的交流合作，提升各参与主体的竞争力，推动行业整体发展，形成互利共赢的局面。

1. 生态思维：引领商业文明的未来

生态战略建立在生态思维之上，生态思维意味着商业文明发展的新阶段。传统的商业模式围绕特定的产品或服务来运作，将获取短期利润作为首要目标，这种模式的确在一定时期内创造出了可观的经济利益，不过在生态环境恶化、竞争日趋激烈、思想理念转变、科学技术进步的背景下，其不足和局限也渐渐显露，此时的商业文明需要寻求新的发展路径。生态思维采用全局视角，强调可持续性，引导商业领域的各参与主体解放思想、开阔视野，构建多方共生的生态系统。

生态思维的出现是商业文明发展的重要节点。自此，商业发展的目标由单一的经济效益转向综合效益，在谋求商业利润的同时关注社会的和谐和环境的改造，这是商业文明的显著进步，蕴含着新时代下的商业智慧。例如，国内知名企业阿里巴巴是生态思维的践行者，包括阿里巴巴、小米、京东等，如图2-4所示，作为生态型公司，它们以开放平台作为生态系统，系统的参与者包括合作企业、供应商、销售渠道、客户等。这些企业积极推动生态系统的向上发展，在基础设施建设、营造良好市场环境等方面发挥积极作用，实现自身和生态系统所有参与者的共同进步。生态思维的推广，有助于构建普惠性的经济发展模式，有效提升发展质量。

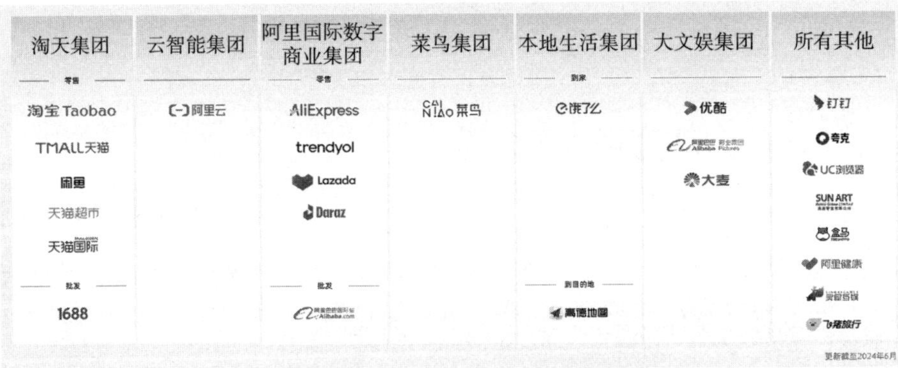

图 2-4　阿里巴巴的业务架构

生态思维充分认识到了生态系统的复杂性，生态系统各部分间存在普遍的联系，它们生活在同一环境中，彼此产生各种作用和影响。就生态思维与商业的结合来看，具备生态思维的企业不再将目光局限于企业的运营管理和盈利，而将视野上升到环境、社会、行业发展等更高的层次，并通过构建生态系统促进多方互利共赢，为整个行业的健康有序发展作出贡献，营造更好的社会环境。

2. 生态战略：构建多方共赢的商业生态

对应不同类型的企业，生态战略将发挥不同的作用。企业应根据自身情况恰当运用生态战略，实现生态战略价值的最大化。

- 如果企业的规模较大，在多个行业均有布局，则可充分发挥生态系统的资源整合作用，促进各项业务的协作。
- 如果是围绕平台运作的企业，如电商企业、科技类企业等，可借助生态系统吸引更多主体的加入，加强各参与方之间的联系，基于合作关系持续提升自身的能力和价值。
- 如果是创新能力强的创新型企业，可借助生态系统扩大创新成果的影响力，提升市场接受度和认可度，为成果的推广应用创造条件。
- 如果是整体竞争力较强的行业龙头企业，可运用生态战略进一步强化自身优势，应对来自竞争对手的挑战。
- 如果是偏重服务的服务型企业，可借助生态系统提升服务质量，根据客户需求提供更加精准的服务，打造完善高效的服务体系。
- 如果是处于关键变革期的企业，应充分利用生态战略提升自身的适应能力，确保变革转型的顺利推进和平稳落地。
- 如果是以扩大经营规模和范围为目标的企业，可充分发挥生态战略在成本控制和风险防控方面的作用，把握市场机遇，实现资源的合理配置。

- 如果是致力于解决重大社会问题或环境问题、以提升社会影响力作为目标的企业，可依托生态系统积攒力量，发动社会各界的参与，集合多方资源，团结一致，群策群力，共同制定行动方案并推动方案的实施，凭借集体合作促成问题的解决。

2.2.2 企业生态战略的四种类型

企业选择生态战略之后，会着力打造自己的核心竞争力，不断提升产业链控制能力，通过产业链布局、用户应用场景创新，打破企业边界，创造价值增量，构建共赢机制。

企业制定生态战略，不仅需要对企业内部环境、外部环境的动态平衡进行充分考虑，还需要考虑长远发展趋势。从企业所处的行业来看，按照价值增值过程，可以将行业划分为四种类型：一是资源类，二是产品类，三是服务类，四是资本类。前三种类型行业的利润获取方式是产品或服务交易，资本类行业的利润获取方式是资本市场的募投管退，这四种类型的行业都有各自的关键成功要素，企业要对现有资源进行具体把握，制定有利于长远发展的生态战略。

1. 资源类行业

该行业的基础资源一般都具有稀缺性，比如石油、矿石、稀土等，只要掌握这些资源，就能在产业链中获取较大的竞争优势。资源类行业有一个特点，就是初期投入非常大，企业要想盈利就必须扩大规模，以降低平均成本。所以，这类行业的企业很多都是垄断企业，比如石油领域的美孚石油、矿业领域的淡水河谷、钻石开采领域的戴比尔斯等。

在这种形势下，小企业生存异常艰难。因此，对于资源类行业企业而言，制定生态战略的关键措施，主要包括节能减排技术改造、绿色供应链打造、产品全生命周期的绿色化升级、企业社会责任形象建设、绿色企业文化培养等。

2. 产品类行业

产品类行业的盈利方式是对原材料进行加工、销售，提升产品价格，尽可能地让产品价格高于成本，并增加产品销量。相较于资源类行业来说，产品类行业对产品加工过程有着较高依赖，对原料的依赖度较低。该行业的企业想成功就要提升产品研发能力与营销能力，从微笑曲线的底部逐渐向两端进发。

比如，华为立足于技术，大力提升自己的产品研发能力，生产独具特色的产品，不仅提升了产品价格，还成功推行了全球扩张战略。再比如，小米致力于产品营销，扎根市场，聚焦社群营销，根据消费者需求生产产品，迫使供应链发生巨大变革，从而生产出符合消费者需求的高性价比产品。

总而言之，产品类企业在推行生态战略的初期，要通过核心产品研发与营销培育核心竞争力，然后对上下游产业链进行整合，提升管理能力，与资本市场对接，形成产融互动。

3. 服务类行业

服务类行业主要通过出售服务获取利润，该行业企业销售的产品多为无形商品，要想在激烈的市场竞争中获胜就要打造先进的管理体系，借此提升服务质量管理能力与客户关系维护能力。

比如，谷歌在1999年提出以“Don’t be evil”为企业发展宗旨，将道德与商业活动结合在了一起。为了更好地开展技术变革与创新，2016年，谷歌成立了集团公司Alphabet，将与搜索无关的业务独立出来，让核心搜索业务可以更好地发展，同时也为其他业务的拓展提供了极大的便利。

谷歌的生态战略主要包括以下关键点：

- 信息服务为核心：搜索引擎和广告业务是谷歌的主营业务，为了保持主营业务的竞争力，谷歌不断优化搜索算法和广告平台，并采集用户数据、分享用户需求，从而提供更加精准的服务。
- 云计算服务：谷歌云（Google Cloud）是谷歌推出的云服务，通过与渠道合作伙伴、技术提供商等建立合作，谷歌云能够为用户提供端到端的解决方案。
- 可持续发展：作为知名跨国科技企业，谷歌重视环境保护，连续多年购买可再生能源，履行企业的社会责任。
- 技术生态构建：从操作系统、开发工具、云服务到智能硬件，谷歌构建了一个完整的生态系统。技术生态的构建不仅能够为行业参与者提供丰富的工具和平台，也能为用户提供更好的服务。
- AR/VR领域的布局：谷歌在多个领域展开布局，比如在AR和VR领域，不仅取得了多项专利，也与高通、三星等企业进行了深度合作。

由此可见，服务类企业要发展生态战略，前期要为消费者提供优质的服务，增强客户黏性；后期，需要立足于自身优势衍生服务类型，可多方布局，构建完整的生态系统。

4. 资本类行业

在价值增值链条中，资本类行业位于顶端，其获利方式为发现、创造产业价值，进行资本运作，在市场交易中获利。要想获取更多利益，资本类企业就要将新的管理理念与资源注入投资企业，使投资企业增值，完成套现。该行业中的企业要想成功就要让融资成本与投资收益相匹配，其中低成本、长期限的资金最重要。

以伯克希尔哈撒韦公司为例，该公司的运营模式为“保险+投资”双轮驱动模式。保险业务为企业运营提供了充足的资金，让其可以在能源、化工等领域布局，获取比较稳定的收益，然后再为保险业务的开展提供资金支持。

在投资方面，巴菲特一直秉持价值投资理念，在心仪企业发展状况不佳时进行投资，长期持有，最终获取收益。比如，2015年，美国基建行业发展前景令人担忧，巴菲特却为北伯林顿铁路公司注资58亿美元，使该公司的税前利润达到了68亿美元，而在2014年，该公司的税前利润仅为6.06亿美元。

虽然，资本类企业的发展建立在资本市场之上，但其获利离不开实体企业良好、持续的发展，只有这样资本类企业才有可能获得稳定的现金流，让资本投入获得持续增长的产业谱系，让资本价值实现有效增长。从这个角度来说，资本类企业的长远发展需要以生态战略为基础。

2.2.3 生态型企业典型案例分析

单业务企业在发展到一定程度之后必然会转向生态型企业，比如，谷歌、苹果、阿里巴巴等企业都在推行生态战略，试图通过布局产业链、创新用户应用场景将自己打造成平台企业，在行业占据垄断地位或者主导地位。

在对生态型企业的类型进行系统研究之后可以发现，生态型企业主要有以下五种类型，且每种类型都有代表企业。

1. 技术型生态企业

诸如上文提到的谷歌、华为等均是技术型生态企业。与其他生态型企业相比，技术型生态企业更注重技术创新，即以技术为驱动提高企业的市场竞争力。同时，技术型生态企业一般采用的基本竞争战略方法为集中型战略。

华为一直致力于通信事业，是全球领先的信息与通信技术（ICT）解决方案供应商。在通信技术取得一定成果后，华为横向整合语音、数据、视频，纵向通过通信平台的开放整合通信能力与行业需求，助力合作企业开展数字化转型，进而利用核心技术发展三大业务——运营商、终端、企业，最终构建了自己的通信生态圈。目前，华为的业务范围主要包括运营商网络、企业解决方案、华为终端、手机、华为云、汽车终端、互联网、支付等。华为商用产品及方案如图2-5所示、运营商产品与解决方案如图2-6所示。

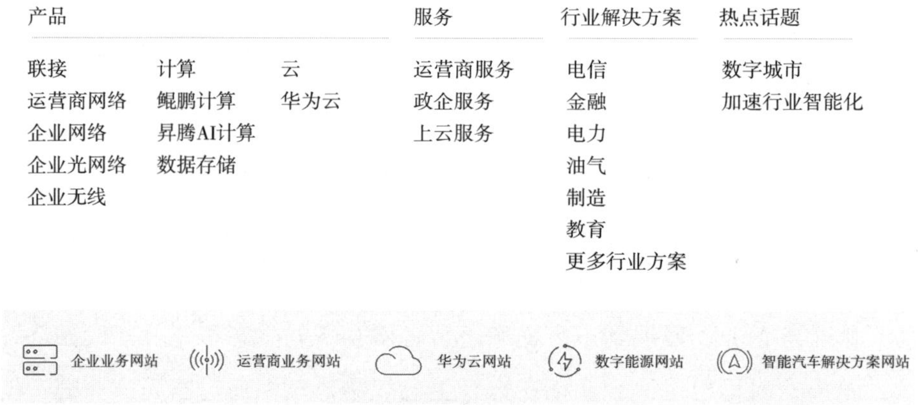

图2-5　华为商用产品及方案

图2-6　华为运营商产品与解决方案

2. 流量型生态企业

流量型生态系统布局比较简单，企业通过掌控流量大数据，在流量转化节点布局，将流量能力发展为行业竞争力，进而产生商业价值。腾讯、百度、阿里巴巴的生态系统都是流量生态。借此战略，轻资产公司也可以很好地应对互联网时代的市场竞争。

阿里巴巴利用淘宝平台获取了大量高忠诚度的客户，之后，利用在新浪、百世物流、高德地图、天弘基金等领域的投资获取更多流量，并对业务进行了有效整合。阿里巴巴的生态圈有一个典型特征，即对数据资源的高效采集和共享。

腾讯通过QQ、微信平台获取了巨大流量，在此基础上构建了自己的生态圈，如图2-7所示。同时，QQ、微信两大社交平台还成为饿了么、滴滴、大众点评等企业的流量入口，这些企业利用微信支付分发流量，迅速转化获利。以流量为媒介，腾讯促使社交与其他行业建立了紧密联系，有效提升了产品和服务的附加值。

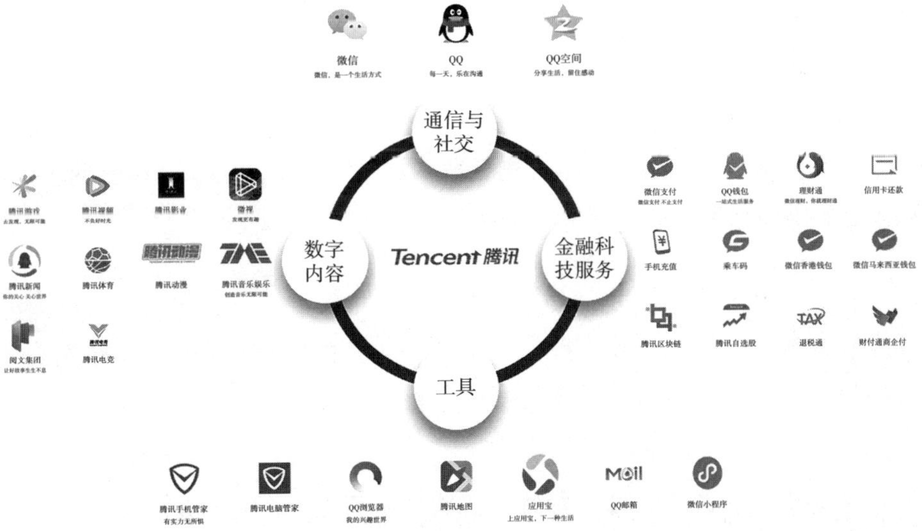

图 2-7　腾讯面向用户的连接生态

百度利用百度搜索和百度地图获取流量，并在此基础上构建生态圈，在爱奇艺等流量节点布局，开发便捷支付工具——百度钱包，形成流量闭环。

3. 社群型生态企业

进入互联网时代之后，以人为核心的社群经济催生了社群型生态。社群型生态企业在其原有核心业务领域拥有强大的竞争力，在产业链条中位于制高点，通过与其他企业合作可以打破公司原有边界，以目标用户群体为核心构建生态共享系统，创造新的价值，实现价值共享。

以和君集团为例，该集团利用“咨询+资本+商学”的业务结构，以企业家为核心创建社群。在这个业务结构中，咨询业务是主体，为资本提供项目研判与投资机会；资本与商学为辅，资本为咨询增添品牌力量，创造一种全新的盈利模式，商学对理论进行创新，吸引人才，将潜在客户聚集在一起。同时，通过咨询业务与资本业务的开展，商学业务还获取了丰富的研究案例。总体来看，和君集团的生态圈是通过企业家社群的积累与构建发展起来的。

4. 资本型生态企业

从上文对资本类行业的分析中可以看出，对处于资本类行业的企业而言，生态战略对其长远发展具有重要意义。与其他类型的生态型企业相比，资本型企业的生态扩展速度相对较快。

复星集团借鉴巴菲特的“保险+投资”模式，对其进行创新，构建了自己的资本型生态。在集团内部，各业务通过资本实现连接，完成生态体系的构建，让客户资源、现金流、管理资源等资源在生态圈内共享。在集团外部，通过对Fidelidade（葡萄牙保险公司）、MIG（美国保险公司）、鼎睿再保险等六家保险公司进行投资，获得年均成本不足1%的可投资资产。不仅如此，通过构建集富足、健康、快乐于一体的产业生态圈，复星集团让生态圈中的不同产业产生协同效应。

5. 混合生态或产融结合生态企业

除上述四种相对单一的生态型企业外，也有部分企业采用混合型生态战略。

小米集团与顺为资本的合作主要体现在对智能科技领域的共同投资商，二者结合构建了混合型生态体系。其中，小米产业主要从硬件、电商平台、软件三个层面对服务进行整合，让顺为资本从中获取运营经验；顺为资本根据小米的发展战略选择合适的投资领域，为小米产业的发展提供有效支持，最终形成一个产融结合的生态圈。

具体来看，首先，小米从其核心产品（手机、电视、路由器等）切入，对粉丝及内容进行运营，形成品牌认可度；其次，小米与顺为资本携手合作，对智能硬件公司进行投资，并凭借强大的流量导入的能力及营销推广能力，助力被投资企业拓展市场、提升品牌影响力和加快技术升级。

由此可见，小米集团与顺为资本的合作模式不仅为被投资企业提供了资金支持，还能够从技术、市场等层面为其提供助力，以打造产融结合的生态体系。

2.3 模式创新：数字化时代的商业重构

2.3.1 商业的本质：以消费者为中心

价值的创造与交换构成了商业的本质。价值创造是根据客户需求向其提供具有正面作用的事物，可以是某种产品或某项服务；价值交换需由一方传递价值，另一方获取价值。传递价值是运用恰当的方法将所创造的价值交付到客户手中；获取价值则是将来自价值提供方的方案、服务等转换成实际的发展成果或收益。

在企业的内部和外部有着包括商业联系在内的种种关系，比如企业内部各部门之间的联系，企业与其他企业、客户、供应商、销售渠道等的联系，这些关系被称为商业模式。商业是自由的，这主要表现在竞争和资源配置上。人是商业活动的核心，数字技术能够使人、物、企业之间建立全方位的连接，这样的互联互通环境有助于确立以消费者为中心的商业策略。数字化对人类社会的影响体现在经济、生活、文化等多个领域，造就了与以往不同的商业环境，这种变化进一步传导到价值链上，改变了价值的主体与客体，以及价值创造和价值交换。

一般情况下，商业模式由目标市场、目标客户群体、资源、产品、合作伙伴、盈利模式等要素组成。商业模式的选择对于企业而言非常关键，合理的商业模式将提升企业竞争力，扩大企业市场份额，有助于企业的可持续发展。

数字化技术不会改变商业的本质，不过在数字化的作用下，价值的创造、评判以及分配都采用新的机制。在土地、资金、劳动力等传统生产要素的基础上，企业确立其文化、战略、流程、组织形式等。而在数字化时代，数据成为新的生产要素，此时企业需要及时作出调整，否则过往的资源和架构在新环境下很可能成为发展的桎梏。

面对环境的变化，企业需找准自身定位，掌握当前的市场需求，在此基础上整合并调配资源，与客户建立联系，推出市场认可度高的产品和服务，探索具有持续性的盈利模式，同时选择适配性高的数字化工具作为技术基础。

2.3.2 商业重构：数字商业模式变革

企业在进行商业重构的过程中，需要针对具体要素切入。具体来说，企业商业重构的要素如图2-8所示。

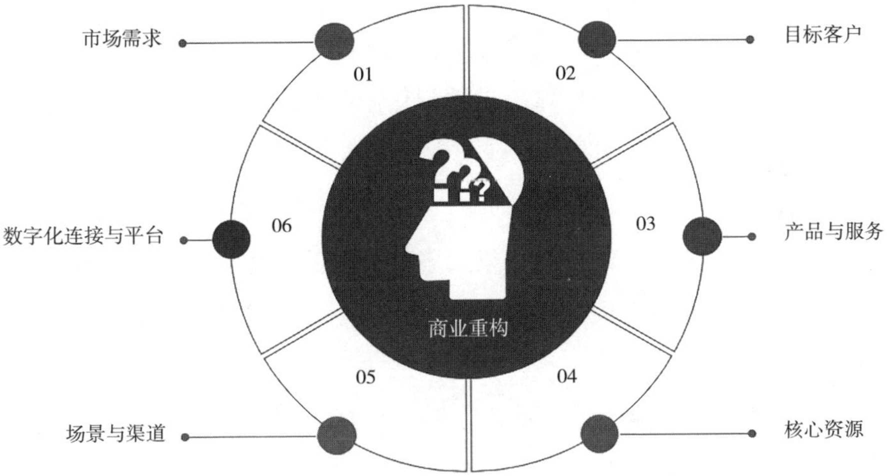

图 2-8　企业商业重构的要素

1. 重构要素一：市场需求

数字化技术的推广应用，在一定程度上改变了人们的观念、习惯、行为方式等。数字化时代下，消费模式正在由“大众化”向“个体化”转变，消费者更加注重自己的个性化需求，追求便捷的消费和多样化的产品，市场方向开始由需求决定而非由产品决定。

在这样的背景下，企业要做的是把握市场需求，找准客户痛点，推出定制化的产品和服务。另外，数字技术能够实现不同生活场景间的互联互通，企业可以利用这一点为客户带来更加丰富的体验，使其个人需求在更高的层次上得到满足。

2. 重构要素二：目标客户

在开展商业活动前，企业需准确定位目标用户群体，并将目标用户划分成不同的层级，描绘出整体以及各层级的目标用户画像。在客户管理中，企业应重点关注人与人之间的关系，包括员工、客户、合作伙伴各群体的内部关系以及不同群体之间的关系。

3. 重构要素三：产品与服务

企业面向不同的客户群体提供定制化产品和服务，按照生产和经营方式可将产品分为自主生产产品、代工生产产品、联营产品等。

消费者的需求与使用场景相对应，其总是要在某个场景中使用产品。在数字化时代以前，产品的使用场景大多是孤立的，而互联网、大数据等数字化技术的应用增强了场景的连贯性，相应地，消费者的需求也变得更加明确。

规模化和标准化生产显著提升了生产效率，使产品质量变得更加稳定，不过同质化的流水线产品逐渐难以满足消费者的需求，他们希望得到有特色和个性化的产品，或是在物质需求之外生发出精神需求。企业可运用数字化技术响应消费者需求的变化，提供个性化产品以及服务于精神需求的产品。

产品和服务被交付给消费者后，将作为纽带连接起企业与消费者两方，比如消费者会向企业寻求售后服务，企业也需要从消费者处获取关于产品或服务的反馈。在消费互联网时代，与消费有关的数据集中在流通交易环节。进入产业互联网时代后，消费数据呈现出多元化趋势，除交易数据外，在交易完成后产生的商品使用数据、维护数据等也成为消费数据的重要组成部分，数据规模大幅增加。

4. 重构要素四：核心资源

过去的企业多数处于各自为战的状态，将创造自己的价值作为奋斗目标，而如今的企业则越来越注重合作，战略目标也逐渐转变为塑造共同的生态价值。企业竞争格局改变的根源在于技术和商业模式的革新。在新的竞争格局下，企业之间不再是纯粹的竞争对手，而是成为关系紧密的合作伙伴，通过资源和优势互补共同创造价值，实现互利共赢。如果企业不能顺应竞争形势的转变，仍然坚持单兵作战、创造自我价值的路线，就很有可能处于劣势地位。

数字经济下，用户需求被摆到了突出位置，企业需围绕用户的需求和生活场景提供产品与服务，让服务成为用户生活中不可缺少的一部分。用户群体和用户场景具有多样化的特性，同时场景的闭环需要多个环节来实现，多数情况下企业很难顾及所有的群体、场景和环节，这种情况下应首先确保核心资源的作用得到充分发挥，将与核心资源相对应的核心业务置于更高的优先级。如果行有余力，企业可渐进地推进非核心业务，或是针对这部分业务与其他企业展开合作，也有不少企业选择直接舍弃非核心业务，这种做法虽然略显无奈，但在很多时候的确是最优解。

5. 重构要素五：场景与渠道

数字化时代下，消费场景发生了较大变动，消费场所由线下实体商店转变为各种线上平台和应用软件等。以往消费者需要在营业时间内前往消费场所购买商品，而如今的消费行为不再受到时间和空间的限制，消费者可以随时随地通过手机、电脑等设备下单自己想要的商品。

企业应根据自身能力和实际情况进行销售渠道的管理，开设新渠道或调整现有渠道，比如线下门店这一渠道有多种运营方式，需要企业从直营店、加盟店、合作开店中做出恰当选择。有时，企业还可能需要在线上渠道和线下渠道间进行转换。

6. 重构要素六：数字化连接与平台

“万物互联”是数字化时代的特征之一，企业可通过数字化连接与员工、供应商、经销商、合作伙伴、消费者等各方展开互动，完成价值的交换，更便捷地获取和提供服务。数字化连接可借助数字化平台来实现，利用设备终端建立多方参与的联通网络，从横向和纵向两个维度打造完整的企业价值链，助力企业数字化转型，提升企业在数字化时代下的整体竞争力。

2.3.3 数据驱动：重塑价值创造过程

数字经济的一个显著特征就是海量数据的高效互通、整合与共享。信息的高效流通有利于打破信息屏障，辅助商业活动参与者避免因信息不对称带来的各种风险。而对于那些主要依靠不对称信息获取利益的价值链主体来说，将面临巨大的市场挑战。由此，该类企业需要转变经营思路，基于经济发展趋势、市场环境和自身业务情况，寻找可行的、合理的数字化转型路径，例如调整内部组织结构、生产经营方式等，以适应新的市场环境。

信息的高效流通不仅会影响企业的经营活动方式，还会影响顾客的消费行为和需求；消费需求（或市场需求）的改变又将反馈到企业，促进其生产、运营、销售等各方面的变化。这将使传统的“有生产才有消费”转变为“消费带动生产”，即市场形态由“生产导向”向“消费导向”转变。企业可以通过对海量市场数据的分析，了解相关需求信息，再根据消费者需求制订生产计划。

数字技术可以为数据加工、数据分析赋能，由此带来的虚拟价值可以使企业与消费者的联系更为紧密，消费者不再是被动的价值接受者，而逐渐具有了价值创造者的属性。在数字经济的驱动下，企业的商业模式、价值创造方式都将发生深刻变化，不仅消费者需求将更多地影响企业的生产行为，消费者自身也会广泛参与企业运营，作为高效的信息传递媒介或企业的合作伙伴实现价值创造。

数字经济下，企业的价值链将进一步丰富，并衍生出新的商业模式。数据信息的流通与共享成为价值创造的重要支撑，商业逻辑也从满足消费者需求转变为消费者共同参与。在新的营销模式中，数字技术成为连接消费者与企业的桥梁，二者的信息交互与协作活动，为消费者带来了更多的附加价值。

线上的电商平台、企业的运营账号等，均可作为消费者与企业的互动平台，其在价值链中的作用主要体现在两个方面：一是通过信息传递，为消费者与企业开展线下的经济活动创造了契机，为二者建立联系奠定了基础，并为消费者创造了使用价值；二是作为线上的网络活动的载体，辅助企业进行生产经营活动，以虚实结合的方式创造价值。在平台上汇集的信息可以转化为企业的数字资产和宝贵经验，辅助提升企业的市场竞争力。同时，企业可以利用数字化平台统筹协调现有资源，盘活闲置资源，并通过控制存量实现供需匹配。

2.3.4 价值共创：驱动商业模式创新

在工业经济形态下，企业基于技术研发、生产、采购、管理、运营、服务等一系列价值链活动完成价值创造，而价值链活动方式的优化变革能够驱动商业模式创新，所形成的新商业模式一旦成功，便能作为良好的范式得到广泛推广。而在数字经济形态下，消费者可能成为价值链的参与者，其多样化的价值需求带来了多样化的商业模式创新方式，且不易被模仿与重现。

1. 价值共创：消费者和企业共同创造价值

消费者价值通常表现为消费者对产品或服务效用的整体评价。体现消费者价值的数据信息能够在系统平台中呈现、记录、传递。消费者价值越高，即对使用产品、服务的满意度越高、体验越好，这些留存的数据信息为企业创造经济效益的可能性越大。承载消费者价值的数据信息本身就是一种能够创造价值的虚拟资源，企业可以依靠这些资源提升自身的竞争力。

消费者需求是企业开展生产经营活动的重要风向标，数字技术和线上平台的应用能够使企业与消费者的联系更为紧密，并为二者进行持续性的、高效的信息交互提供支撑，促进共同合作。

在数字化商业模式下，满足消费者需求是企业进行价值创造的重要目标。要实现这一目标，自然要在产品研发、设计等环节与消费者保持密切合作，及时了解相关需求，把握住市场动向。随着数字技术创新发展，消费者在企业生产活动中的参与度也将不断加深，而市场信息的快速传递可以促进供需平衡和商业模式创新。

企业与消费者在研发、生产环节的合作，有利于驱动价值信息的共享与传递。企业可以基于这些价值信息拓展订单来源渠道，并调整研发策略，制订合理的生产计划，提升价值创造能力。良好的合作机制可以推动形成共同创造、互利共享的商业生态圈。同时，数字经济的发展使企业的经营信息变得更加透明，这有利于使交易成本更为可控，促进消费者价值的最大化。企业与消费者合作进行价值创造，将进一步释放商业模式创新潜力。

2. 模式创新：商业“去中心化”发展

与传统的工业经济相比，数字经济基于数字技术、网络通信和虚拟数据平台，实现了多个主体跨领域、跨地域的高效协作，并辅助整合产业交易的边界，促进不同主体间的竞争关系向供需合作关系转变，促进原有的合作关系往互利共赢方向深化发展，而旧有商业逻辑也在不断改变。在数字经济时代，效能产生的驱动力不仅仅在于协作，还在于跨领域的合作、竞争与不同要素的位势变化。

另外，以线上平台为基础的消费者社群能够促进消费者价值的传递，使消费体验的感知性得到强化，并成为企业创新商业模式并取得成功的重要支撑。企业在落实以技术创新为核心的战略目标时，需要充分考虑消费者需求，挖掘其体验价值和效用，并以优质的产品、技术或服务赢取消费者认可。

企业可以通过线上化的消费者社群与消费者进行互动，这有利于催生出一些新的、富有创意的想法，进而推动商业模式创新。同时，消费者可以通过线上平台及时获取新产品信息，再前往线下门店体验。在此过程中，信息的传递更加多元化、碎片化、便捷化，无形中弱化了传统媒介的作用，使商业活动的去中心化特点更加显著。

随着参与人数的增加，消费者会形成一个自组织、自适应且有着广泛影响力的社会群体。作为社群参与者，信息传播者的属性将更为凸显，这能够为企业的价值创造活动赋能。在数字经济环境下，消费者可以作为可靠的信息传播媒介，辅助产品或服务信息迅速扩散，大大降低分销渠道成本，甚至省略分销渠道环节，驱动形成消费者与企业直接交易的商业模式。在该模式中，分销中心不再参与价值链活动，这是去中心化的体现。

大数据、互联网通信、云计算、区块链等技术的深化应用，有力推动了数字经济的发展，为我国经济高质量发展提供了重要支撑，同时也促使商业模式、产业模式的变革步伐加快。数字化的商业模式改变了企业与消费者的关系，拓展了供需双方的交易途径和交易方式。同时，价值链结构得到进一步优化，流通环节的减少促使商品交换速率大大提高；基于市场信息、需求信息的快速传递，企业得以压缩库存、分销等方面的成本，从而提升生产、运营效率。

第3章

组织创新

3.1 企业自组织：共创、共治、共享

3.1.1 自组织系统的理论基础

随着各类新业态新模式的出现、各行各业大量新竞争对手的涌入，企业面临的外部环境愈加复杂、竞争压力不断上升，企业的经营管理压力也不断增大，波云诡谲的外部环境要求企业具有更加灵敏的市场洞察能力和更强的响应能力。传统的被动组织系统显然无法满足这样的要求，而企业则会在发展过程中形成一种新的系统——自组织系统。

自组织系统的概念实际上由来已久，最早可追溯至20世纪60年代。作为一种系统理论，其研究对象以自然界和人类社会中各种典型的复杂自组织系统为主，包括生命系统和社会系统，而其研究的课题则聚焦于该类系统是如何形成、又遵循怎样的原则向后发展的。具体而言，在一定环境下，系统是如何在无人干预的情况下自主实现对内部混乱的整合从而走向有序，以及如何实现低级有序向高级有序的螺旋式上升。从理论构成来看，耗散结构理论、协同学和突变论是构成自组织系统理论的三大核心理论。

耗散结构理论主要聚焦于系统与环境之间的交互以及系统在此交互下发生的变化，这种交互主要涉及物质与能量的交换。耗散结构的形成需要满足三个条件，见表3-1。

表 3-1　耗散结构的形成需要满足的条件

条　件	内　容
远离平衡态	系统内部不能长期地保持平衡，必须有能量、物质以及其他构成要素之间的差异与流动，否则就失去了与外界进行交流、产生自组织活动的根本动力
系统的开放性	系统能够且需要与外部进行交流或交换
系统内不同要素间存在非线性机制	系统内部的结构与各要素之间的关系具有复杂性、多样性

协同学主要对系统内部各要素的协同逻辑进行研究。该理论认为，自组织过程发生的前提是系统各要素之间的彼此协同，正是因为系统内各个序参量的相互作用驱动着系统不断进行结构的更替。涨落是协同学中的重要概念之一，这一概念用于衡量系统实际状态值相对于平均值的偏离程度。而之所以会出现涨落，是因为系统要素的独立运动、局部协同运动以及环境因素会对系统状态造成随机干扰。当系统处于两种稳态间的过渡状态时，系统中各要素的独立运用与要素间的协同运动达到一种平衡态。此时，任何一种细微的涨落都有可能在系统中被迅速传导，形成蝴蝶效应，推动系统进入有序状态。

在突变论视角下，则将一个系统由混乱态经内部整合与发展转为稳定态，进而迈向新的、更高水平稳定态的过程看作突变过程。该理论认为，突变具有随机性、不可控性，即使多次对同一过程进行相同的临界参数控制，仍会得到不同的突变结果，即旧稳态过渡到的新稳态有多种不同的可能，每一种状态都有其出现的概率。也就是说，当系统外的环境、系统内部的各要素中任一要素发生变化时，都会使自组织走向不同的结果，同时这种情况是无法规避的，但是可以通过一定的手段进行控制，降低结果偏离的程度。

从理论发展角度来看，自组织在物理、生物、化学等自然学科中的研究与应用已经取得了一定成果，而随着对该理论研究的不断深入，自组织在社会人文领域的应用研究也越来越广泛，典型例子包括知识的自组织、企业的自组织、社区的自组织等。

3.1.2 企业自组织的运作逻辑

自组织并不是一个语义固定、揭示某种概念的名词，如前文所言，自组织是一套有关系统的理论体系。从企业视角来看，自组织即企业组织中所有独立主体（个人或组织），在共同底层原则的指导下，经过长时间的彼此协调以及优化更新，最终发展为稳定、有序、要素全面的耗散系统结构，并能够持续地与外界进行互动。

从自组织系统生成条件角度对企业自组织进行理解，可得到如下分析：

- 作为一个开放系统，企业始终与其所存在的外部环境进行交互，宏观上受政策与法规的约束；微观上生产经营不可避免地要与外部市场之间进行要素交换，包括资本、劳动力、原材料、利润以及市场信息等。
- 企业内部包含各种要素，如人员、资本、部门组织、管理要素等，同时企业员工之间、各部门之间在激励考核与内部合作制度下，本身存在着既竞争又协同的复杂关系，且不同主体之间面临的竞争激烈度和系统程度不同，这构成了内部的不平衡状态，成为企业向前发展的动力来源之一；外部环境的变化与内部各要素彼此长期的相互作用之下，会使企业内部的组织管理方式、技术、产品等不断优化，到达一定程度后实现革新，形成突变。

因此，从构成上看，企业满足自组织生成的条件。然而，需要注意的是，很多人会将自组织的“自”理解为自主独立，完全凭借自身条件实现进步与革新，实际上这种理解存在一定谬误。在实际工作中，自组织仍旧需要一定的人力干预，由于当前企业中尚未发现特别典型的自组织工作流程，因此可以社区自组织工作流程为模板模拟企业的自组织工作流程，具体如图3-1所示。

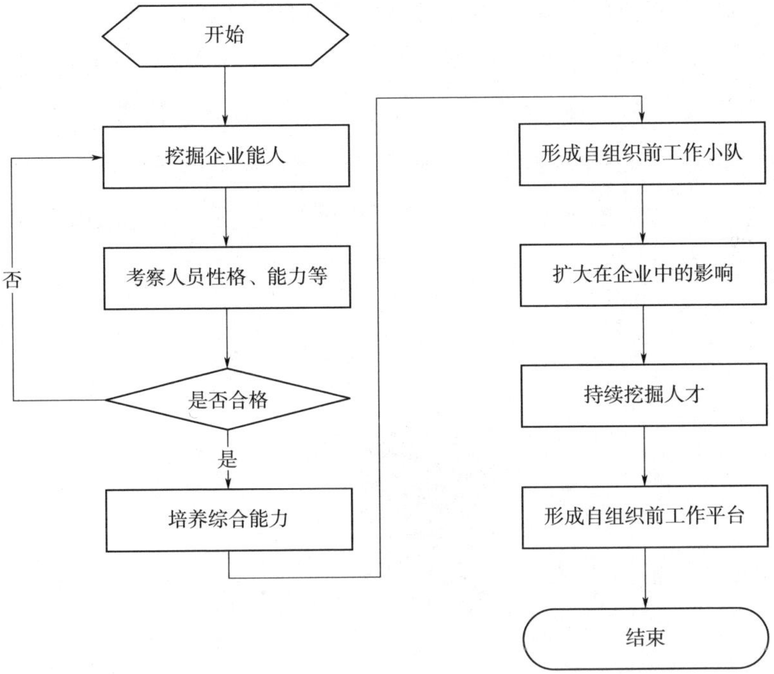

图3-1 企业自组织工作流程模拟

首先，对企业各层次级别的员工进行认知重塑；随后，围绕“人”这一核心要素，进行相关资源的统筹与再分配。在应用上，以特定岗位为试点，随后扩散至部门乃至企业。通过小组的打造、平台的建设串联各个层次与岗位的员工，实现组织行动的全覆盖，进一步凝聚各主体力量，以保证组织发展的持续性。多元主体的参与配合资源的统筹与再分配，确保了企业在各个维度、各个层面都能够被优化到，从而丰富了企业发展进步的路径选择，提升了企业发展的上限。

3.1.3 企业自组织的核心优势

建立企业自组织系统的必要性源自组织、人、人类社会作为复杂系统的根本属性。复杂系统，即构成要素具有自主决策与行动能力，要素之间存在多元立体关系且信息在其中发挥关键作用的系统。此类系统自身存在内生秩序，其行动在一定目标的指导下进行且具有较高活性。从与环境的关系来看，此类系统具有环境交互能力且一些活动难以观察。

从另一层面上讲，自组织系统就是复杂系统的理想状态，只有通过自组织的方式，复杂系统才能不断实现对自我的超越，而自组织系统相对于传统组织所存在的诸多差别，也体现出其优势所在，如图3-2所示。

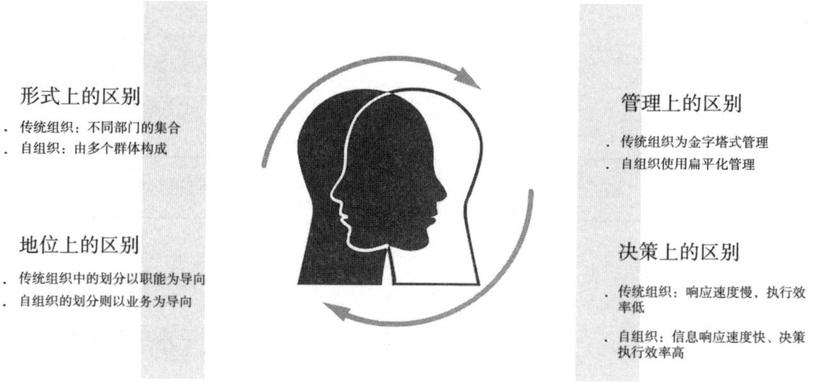

图 3-2 企业自组织的核心优势

1. 形式上的区别

传统组织的构成方式是不同部门的集合，而自组织则由多个群体构成。这使得自组织具有更强的独立性与灵活性，在工作开展中能够实现服务的精细化与个性化，团队与企业间的财务核算不再被绑定，从而提升了项目推进效率。

2. 地位上的区别

传统组织中的划分以职能为导向，同时职能决定着部门在企业中所处的层级，如科研单位、创新公司中的研发部，营销公司的财务部等。

而自组织作为生产力提供者，其对于群体和地位的划分则是以业务为导向的。在具体划分上，自组织从最小业绩单元开始划分，以各业务单元承接企业各项业务，是企业经营的动力中枢。因此，自组织在企业中居于核心地位，而企业的其他部门与组织则受自组织统领。

3. 管理上的区别

传统组织为金字塔式管理，强调层级，往往指令自上而下下达。而自组织内部则使用扁平化管理，没有严格的等级层次划分，彼此之间的信息传递不是权力驱动下的层级式传达，而是以责任、价值、业务需要为驱动的平行交流。自组织内部人员之间不存在上下级的权力压迫，成员自身有较高的自觉性，内部民主化程度更高。

4. 决策上的区别

传统组织中的信息是随权力分布的，重要信息由高层和关键部门垄断，不同部门、层级之间存在着较大的信息差。此外，由于金字塔形的管理架构，消息和决策的自上而下传递需要经历较长时间，因此响应速度慢，执行效率低。而自组织则直接面向市场和客户进行信息获取，同时扁平化的管理模式具有一定的决策自主权，因此在信息响应速度、决策执行效率方面表现更好。

3.1.4 企业自组织的构建流程

在认识到自组织构建的必要性以及明确了自组织构建过程中应重点关注的内容后，还应进一步探讨企业需要通过哪些具体措施实现自组织构建的落地。从宏观而言，企业自组织的构建都需要经历一系列的流程，具体如图3-3所示。

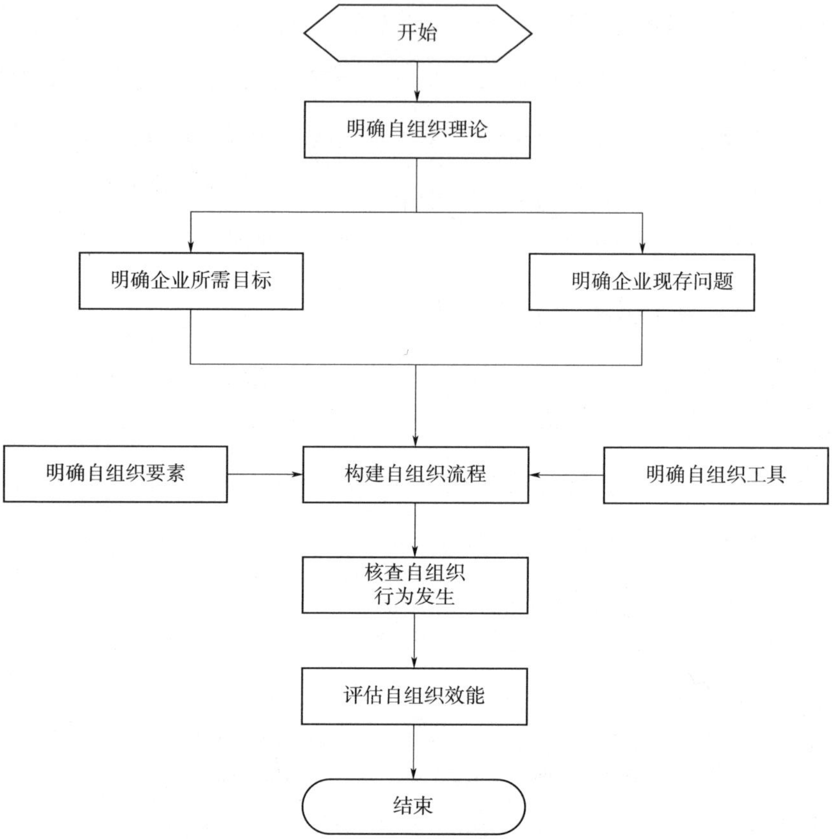

图3-3　企业自组织构建框架

从微观角度对企业措施进行细化，则企业构建自组织需要做到以下四个方面：

1. 分布式与去中心化

对于自组织企业而言，尽可能减少内部的权力压迫、实现去中心化的扁平管理是保证自组织建设取得成功的重要举措。只有这样，组织内部的信息流动、沟通与协作才能够更加顺畅，以实现将组织中的每一个个体作为一个阶段，实现组织网络面积的最大化。只有每个人在组织内的知情权、发言权得到了尊重与保障，才能更好地在发展过程中实现群策群力，更好地汇聚集体力量，形成公平竞争、集思广益的内部生态。

2. 打造自主性与自动化

根据前文介绍，自组织企业采取扁平式而非层级式的架构方式，权力被最大化下沉和分散，连带着其管理方式也由科层管理转向了社区自治。在此背景下，组织的运行不再需要集中统一的决策中枢，仅需要具有高度自治能力的社区即可，而这一点的实现必须得到群体的认同，还应有相应的技术支撑以保证决策的科学性与信息整合的高效性。

因此，在自组织构建过程中，一方面，需要获取员工认同，提高员工积极性；另一方面，要对大数据、AI大模型等前沿技术进行结合，确保自组织系统的顺利运行。

3. 组织化与有序性

当剔除了权力与层级之后，个人自律与集体自觉成为企业有序运转的关键依托，而这种自律与自觉往往建立在两个基础之上：一是员工素质的提高，自组织企业在此应对传统企业进行借鉴，通过企业文化的构建和必要的招聘筛选等确保员工的素质；二是要通过制度和管理模式上的进步确保组织的有序性，如将任务与责任落实到个人、公开透明企业的运转规则、奖惩制度等，从而形成一种集体遵守规则的良好氛围。

此外，还可以通过区块共识机制以及智能合约等实现规则的前向影响，让新员工在签约时就形成对企业规则的认知，从而节省大量的人力资源支出。

4. 全面量化管理

在数字化时代，量化管理是保证效率与公平的重要手段，对于企业自组织系统而言同样如此。通过大数据、区块链等技术，对组织中人员、团组、产品、知识等要素进行数字化管理，实现组织运作过程中的量化考评，能够进一步发挥出各类要素的综合价值，实现要素的最优组合。如通过平台积分制，将员工的工作行为以具体的数字表示出来，能够让员工更清晰地认知自身工作，形成良好的竞争环境，进一步激发组织发展潜力。

企业自组织的构建与应用，是企业面对迅速变化的市场环境作出的必然选择。随着国内各个领域新业态、新模式的不断涌现，市场化程度的不断加深，企业面临的挑战也不断增加，自组织管理模式也将获得进一步的应用和推广。作为企业管理者，应认识到这种趋势的不可抗性，积极进行自组织管理模式的探索与尝试，从而保证企业发展的可持续性。

3.1.5 企业自组织的构建要点

企业自组织的构建与发展已经有一定的理论研究成果，且已具备初步的实践支撑，但由于企业在规模、内部组织等方面存在天然差异，因此其自组织构建过程也呈现出明显的差异化特征。然而，外部环境的快速变化又要求企业迅速实现组织形式的升级，此种情况下，可以参考构建具有普适性的企业自组织系统，如图3-4所示。

1. 以分布式创新应对多元化格局

针对企业组织架构模式的差异性、发展路径的多元化以及价值导向的多向性，在进行企业自组织创建时，应采取多维度、多方位思考的措施予以应对。

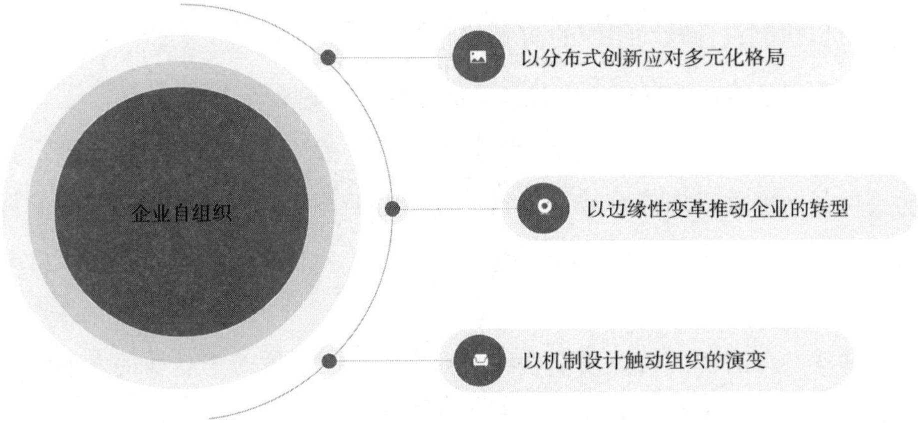

图 3-4　企业自组织的构建要点

因此，企业有必要搭建信息共享与高效交流平台，以平台为依托实现多个主体的对话，进行思路、策略方面的探讨。同时，这一平台还应具有资源调配与整合功能，允许平台上的主体适用资源实现创新项目的落地，从而实现在发展初期以低成本、小团队为发展“探路”。

另外，以业务和项目的多线并行对冲企业内部的创新风险，降低企业的试错成本。通过这种分布式创新，能够进一步整合企业内部资源、挖掘利用企业外部资源，从而提升资源的利用率，让企业创新获得更强的灵活性与适应性。

2. 以边缘性变革推动企业的转型

很多企业在发展的过程中已经形成了相对稳定的内部业务布局与价值分配结构，直接开展全盘式的革新，将会面临巨大风险。因此，在推行内部改革时，应率先开启小范围的试点，从边缘性业务切入，“摸着石头过河”，选择“水浅的区域”。这样即使创新失败，也不会造成不可挽回的损失；若实验成功，就能够通过中心控制方式实现企业内部的迅速变革，以点带面完成推广。

3. 以机制设计触动组织的演变

自组织是否还有进行机制设计的必要性？答案是肯定的。

首先，企业自组织并不完全等同于自组织系统，由于其架构属性，必然要保留一部分纵向控制特征，只不过相对于传统企业，其纵向控制的占比与影响力都更小，但体现在组织构建上，其必然要进行相应的制度框架设计。

其次，自组织的自然演变要经历较长的时间，这对于企业的发展显然是无法满足的。因此，需要一定的控制介入以加快组织发展进程，保证组织的健康运行，通过规则设计、秩序维护、资源调配等，让自组织系统更好地适应企业发展的需要。

再次，自组织的系统突变结果具有不稳定性，必要的时候需要人为进行控制与干预，以保证自组织能够满足现实发展的需要。因此，自组织需要控制介入，如改变输入信息的参数、调整反馈等，以保证最终得到期待的结果。

从企业发展所面临的内外环境来看，必须通过一定的规划控制降低企业发展中的失控风险，而直接描绘出企业发展的清晰轨迹显然不现实，因此可以先确定一个企业发展的期待空间，随后通过一些机制的设置让企业发展不断向期待的范围靠近。这些机制具体包括责任对称机制（分权授权机制）、自律机制、对标机制、PDCA管理循环机制等。这些机制本身能够进一步优化组织内部的要素对抗与协同方式，让组织产生势能和张力，而外部控制力量通过这些机制的传导，也能够更加精准地促使组织按照预期方向发展。

3.2 学习型组织：驱动企业实现自我迭代

3.2.1 学习型组织的优势与价值

“学习型组织建设”是在企业管理与培训中经常出现的一个名词，企业要进行组织创新，就需要对“学习型组织”有较为深入和精准的把握。比如，学习型组织相较于普通组织的优势是什么？构建学习型组织能够为企业带来哪些价值？

1. 打破固有思维，快速适应外界变化

随着外部发展环境的变化，层出不穷的新技术、新理念、新模式无一不变革着企业的管理与组织形式，在此背景下，若组织不能快速适应外界环境，以开放的心态接纳新变化，而一味地坚持原有的规则、逻辑与思想，则有可能迅速被环境淘汰。

而真正的改变则会面临“愿不愿”和“行不行”的问题，此时就可以运用学习型组织方法论，进一步统一企业内部员工思想，制定共同的改革目标，提升员工学习新知识的意愿与能力，从而发展出与新业务相适应的能力。

以国内某空调龙头企业为例，在2020年以前，业内对该企业的认知始终集中于其强大的市场触达能力与过硬的产品质量。当时，该企业的产品在市场上具有绝对的统治力，其门店覆盖率也在同赛道中遥遥领先。但随着电商的发展，网上购物逐渐代替了线下门店购买，生产囤货模式也发生了较大变化。

在2020年后，该企业迅速对业务渠道、销售流程进行了调整，从而避免了被市场淘汰的命运，其良好的反应能力与适应能力也成为业界称道的重点。这背后实际上反映的是学习型组织在面对环境变化时所展现出来的高革新意愿度与高能力提升速度，这也是企业在遭遇环境冲击后能够迅速认清形势、重新建立优势的关键。

2. 推动组织成长，建立牢固的战斗力

如果企业处于良性发展状态，那么个人和组织都应当处于进步状态。与个人的进步相比，组织的进步会保持一种相对稳定的状态，不会随着人员的流动而发生改变，这主要是因为组织在成长的过程中发展出了一套成体系的经验，这种经验以制度、规则的形式直接与组织而非其中的某个个体绑定。

建设学习型组织，则是让组织天然地具备高效学习、高效进行知识沉淀的能力，让组织能够固定地在解决问题的过程中使用发展性、辩证性、开放性的思维，从而能够更高效地处理问题，更顺畅地实现组织与成员的共同进步。

以某制造企业为例，在其产品量产期间，在组织内部人员的上下配合下，很好地完成了第一阶段的目标。在生产的第二阶段，由于客户的要求与市场环境的变化，需要进行产线的调整。而在调整过程中，新旧业务的对接、业务场景的迁移、新技术新设备的引入与适应等耗费了大量的时间与资源，同时还产生了人员流失等问题。

在此情形下，若团队属于学习型组织，已经形成了完善的工作流程，并能够对过往生产中遇见的各类情况进行积累，沉淀为附有解决方法的案例库，则能够大大减少时间和资源的浪费，实现对新产线的快速适应，从而将更多时间用在产品生产上。这也从侧面说明了建设学习型组织的意义所在，即加快知识的沉淀，在组织内部形成彼此高效沟通、默契配合的氛围，从而提高组织的灵活性和适应性。

3.2.2 学习型组织的特征与要点

搭建学习型组织之前还应对其树立正确的认识，即“知其然”。从定义上看，学习型组织，即将终身学习作为发展原则的组织，其敦促内部成员不断获取新知识、新技能，从认知、能力和经验积累方面提升成员的业务水平与市场适应能力，从而更好地助力企业发展。

结合定义，可以将学习型组织的特征归纳为解决问题、个人学习和团队学习三个要点，如图3-5所示。

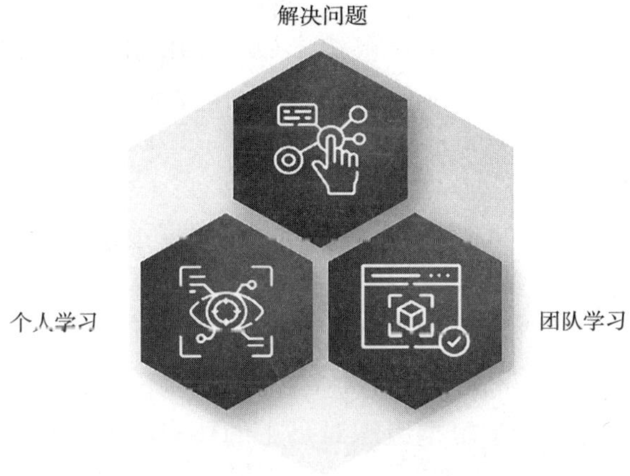

图 3-5 学习型组织的特征与要点

1. 解决问题

首先，需要明确学习型组织的建立是为了更好地服务于企业，帮助企业处理发展中遇到的各类问题，从而实现企业的持续发展。但学习型组织的本义并不在于具体地培养员工去学习某一具体的知识，而是使整个组织具备一种根据业务和环境需要自主进行学习的自觉性和能力，从而使得组织具备持续的竞争优势。

其次，应认识到这种解决问题能力不能单纯通过参与培训与讲座来培养，而是应融入企业运营实践当中，从知识沉淀、经验积累、实践检验等多个方面进行考量，与具体的工作和岗位相结合。

很多企业的管理者和培训者经常会被形式所蒙蔽，认为多举办培训活动、开展交流与座谈、进行理论积累就能够建立一个优秀的学习型组织。多样化的培训固然重要，但是仅做到这些还远远不够，学习型组织的建立不仅是理论知识的输入，同时还包括成员认知模式的重塑以及组织行动框架的构建。

最重要的是，完成这些后还应该让成员在实践中了解企业的运作模式、剖析实现战略目标所需要的能力，并自主地去发展这些能力，在企业需要时成功地运用这些能力，在问题解决之后将运用能力解决问题的过程沉淀为经验，这才是学习型组织“解决问题”的本质所在。

2. 个人学习

对于一个有理想、有目标的员工而言，其在工作中必须追求自我能力的提升。从这个角度看，学习型组织无疑提供了一个让员工能够通过学习完善自我、提升自我的平台。

具体来说，首先，学习型组织对员工的要求与员工自身进步的诉求是相契合的，即组织和员工达成了一种学习的共识、彼此目标的一致；其次，学习型组织能够为员工提供更多的学习资源，帮助员工提升学习效率和学习质量，如组织内部制定的学习策略、向组织成员开放的资源调取权限等，在必要的时候还会针对员工的学习进行工作上的调整，为员工创造应用所学知识解决实际问题的机会，从而最终实现企业与员工的双赢。

3. 团队学习

在企业中，很多工作的完成需要成员与部门之间的配合，这也是组织存在的意义。然而，在现实中，很多企业里的跨部门沟通与协作往往存在着较大的开展难度，关键原因之一就是组织的灵活性不足，员工的团结与协作意识有待进一步增强，而学习型组织则可以很好地解决这一问题。

一方面，学习型组织本身就具有开放性特点，因此在具体的业务合作过程中能够很快地理解其他部门的业务逻辑，在短时间内迅速与合作对象达成共识；另一方面，为了更好地提升工作能力，解决工作中遇到的问题，学习型组织内部也会经常鼓励成员之间以友好的态度进行思维的碰撞，开阔员工眼界，在增长其见识的同时也培养员工的多角度思考和迅速理解并接受新观点的能力，从而达到“边工作，边学习，边提高”的效果。

3.2.3 明确团队共同的业务目标

在充分理解了建设学习型组织的重要性并掌握了学习型组织的特点后，就可以进行学习型组织的构建。注意，在进行学习型组织构建时要确保措施的可行性，避免提出的措施流于形式。

在企业运营中，不论是对于组织还是个人，目标都是行动的方向盘、指南针。只有明确了目标，才能将一个组织的力量凝聚起来，才能保证组织中的成员在工作过程中能够更好地对自身的工作效果进行评估。因此，在构建学习型组织时，首先要对目标进行明确，结合企业工作实际确定组织在一定时段内的发展方向、发展愿景，形成一个统筹组织内部所有工作的大目标；随后，对目标进行分解，将目标细化到小组和个人，让组织内的每一个成员都能够明白自己的方向在哪里、需要培养哪些能力、承担哪些工作。

通过大目标的确立和小目标的细化，能够对整个组织的内部分工进行优化，为组织发展提供驱动力。在落实方面，可以通过战略分解研讨会、业务目标拆解会议等实现上下意见的互通，确保目标的设立和拆解与成员的工作事实相符，从而收获成员认同。

只有组织内部达成共识，才能够确保组织力量得到最大化发挥。共识建立在认同的基础上，因此企业的人力资源管理部门，首先，应该在出具各类行动方案后与各部门管理者进行对接，向他们讲解方案和策略，获取他们对方案的认同，同时听取他们的意见，对方案进行进一步完善；随后，以各部门领导为宣贯节点实现方案的落实，并配合相应的管理与实施原则确保方案的落地效果。

3.2.4 个人学习与团队学习统一

1. 建立个人成长路径通道

管理学著作《第五项修炼》中提到，企业在对员工进行管理时，应尽量使员工不断处于“自我超越”这一状态中。即让员工始终处于一种进步的状态，在工作中不断积累知识，在实践中不断提升能力。需要明确的是，在进步这一点上，员工与企业有着共同的诉求，企业发展需要能力更强的员工，员工为了提升生活水平、实现自我职业价值也需要不断进行能力提升。这种状态的达成，需要企业和员工的共同努力。

对于企业来说，首先，应将员工的成长纳入企业发展的目标规划之中，包括在企业发展的何种阶段、需要有何种能力的员工、企业会为此投入多少资源等，通过不断细化这些问题，形成一份科学、可信的员工成长学习路径图，以提升员工的人效价值，同时形成一种学习与进步的氛围，提升员工学习的意愿，树立员工自我超越的信心与决心。

其次，应该针对不同岗位的员工开展必要的岗位培养计划，以培训的形式向员工进行知识输送，其中既要包括行业内通用的理论知识，又要包括员工在工作中需要的实践技能。此外，还应有针对性地让员工学习公司的业务知识，包括公司的战略发展目标、企业文化、各类业务开展的大致流程等，为员工日后岗位工作的开展以及与其他部门的业务配合奠定基础。

再次，企业在工作内容设置上也应尽量让员工能够运用培训所学的知识，以达到巩固提升的效果。在具体计划制订上，若长期计划制订难度较大，也可以从短期（如1～3个月）开始制订。

最后，企业还应确保充足的学习资源供给，包括打造专业的培训师资队伍，收集企业所属行业内领先的业务知识、关键技能，建立知识库、技能库等，尽可能地为员工的学习提升提供良好的环境。

2. 培养团队共学习惯

“独行快，众行远。”这句话在组织学习中尤为适用。如果把个人比作一个细胞，那么个人的学习意义在于保证细胞的质量，使之能够具备执行各种任务的能力；而组织的学习则是让每个细胞的价值都能够得到最大化的发挥，从而实现“1+1＞2”的效果。因此，学习型组织的建设需要实现个人学习与团队学习的统一，既要学知识、学技能，又要学思维、学配合。

在企业中，由于业务性质不同，团队也可以划分为多种类型，而不同类型的岗位也有着不同的学习重点。对于按岗位区分的自然团队，如部门小组等，学习时可以将不同岗位的职责、岗位之间的彼此配合作为学习的重点；对于按照项目划分的项目团队，可以重点学习项目背景知识、项目开展所需要的具体能力；对于按照学习组别划分的学习团队，可以针对培训中所学的内容多展开讨论。

在团队学习的具体开展方式上，以自然团队为例，可以建立这样的共学机制：在学习过程中，首先明确每个阶段的学习主题，随后每个小组分配对应的主讲教师进行指导，定期（如每周）对学习成果进行检验。此外，还可以通过召开阅读主题复盘会议，对关键项目的处理细节、优化方案等进行进一步推敲，对典型案例进行分享，并将其录入组织专属案例库等。

3.2.5 建立激励机制与文化氛围

在明确了学习型组织的建设思路与具体组织措施后，接下来需要重点考虑的就是如何保证该组织的具体落地效果。结合过去的企业培训管理案例来看，企业培训普遍存在具体实施效果与最初设计的培训方案脱节的问题，这也是越来越多的企业质疑培训这种方式，对培训较为抵触的原因之一。而之所以出现这种规划与实施效果相差甚远的情况，是因为缺乏相应的保障措施，无法有效地对各类学习活动的开展进度、成效进行检验。

结合工作实际来看，若要派专人进行各个部门学习成效的监督，无疑是不现实的，一则人力成本过高；二则由于部门差异与个体差异，每个部门学习的路径、标准、进度都有所不同。因此，需要从制度与规则入手，形成一套通用的、动态化的评价激励机制，将学习情况与个人的绩效或奖金挂钩，从而激发内部驱动力。在激励机制的制定过程中，既要保证其通用性，同时又需要根据部门与岗位特性进行弹性调整，在具体指标维度的制定上，可以链接个人学习和团队学习的目标计划与开展措施。

工作本身付出劳动、获取报酬的逻辑，决定了很多员工倾向于重视具体工作任务的完成而容易忽视个人的成长。从企业角度来看，为了长久的经营，不断获得更高的经营利润，相较于专注完成当前工作任务的员工，企业更需要的是在完成当前工作任务的基础上能够持续学习，培养解决问题能力的员工。因此，在构建学习型组织的过程中，关键在于让员工认识到学习与工作之间不可分割的关系，提升员工的学习意愿度，启发其自主学习，即营造学习型组织氛围。

学习氛围的营造并非一朝一夕，而是一个潜移默化的过程，这既涉及企业组织和制度的配合，各种细节的把控，同时还要通过各种宣传方式进行观点输出。

- 首先，在进行学习型组织氛围的营造时，应贯穿企业的上中下各个层级，一方面，将能力提升、学习达成等纳入日常考核；另一方面，充分挖掘各个层次的典型案例，让员工能够从身边的榜样中感受到学习的重要性。这个过程尤其需要注意感染力，必要时还需要进行专门设计。
- 其次，注意在细节上体现企业的学习思维，如在工作开展过程中，针对某一问题可以鼓励员工进行自由讨论，在项目启动前要求员工对相关知识进行学习，在日常的工作复盘中注意经验总结与知识沉淀等。
- 最后，通过多样化的信息渠道进行观点输出，如在企业内部刊物上刊登与学习有关的案例、在装修方面突出学习氛围的营造、在墙面宣传物料上呈现学习材料等。

总而言之，无论是对企业还是对员工，学习型组织的构建都提供了一个进步的契机，在企业的发展和个人的成长当中意义重大。在进行学习型组织的构建时，应注意对相关逻辑和机制的深入理解，在此基础上采取各种措施确保相关机制顺利落地，既要做好规划，果断行动，也要通过制度和文化提供环境助力，真正实现以学习型组织构建助力企业的高质量发展。

3.3 平台型组织：释放个体与组织的潜能

3.3.1 平台化转型：塑造核心竞争力

现阶段，中国经济正处于转型深水期，结构持续优化，相关政策大量涌现，再加上数字经济模式在各行各业渗透的持续深入，致使传统经营模式变得不再适用。传统企业必须积极进行转型升级，生发出强大的市场竞争力，确保从激烈的市场竞争中成功突围。

与此同时，平台化转型受到了企业界的一致青睐。近几年，一批行业先行者凭借平台型商业模式快速整合了大量优质资源，并充分发挥规模效应，以更高的效率、更低的成本为广大用户提供优质服务，给行业带来了颠覆性变革。诸多行业巨头均在朝着平台型商业模式转型升级。

平台模式打破了传统商业模式上下游企业之间相互压榨的不利局面，通过平台思维，可以激发各参与主体的活力与创造力，丰富并完善生态系统，实现共赢，如图3-6所示。转型平台型企业确实可以为企业带来一系列竞争优势，但转型的过程道阻且长，需要对企业的组织结构、商业模式、管理模式等进行颠覆性革新，必须制定清晰而明确的转型战略规划及落地实施方案。

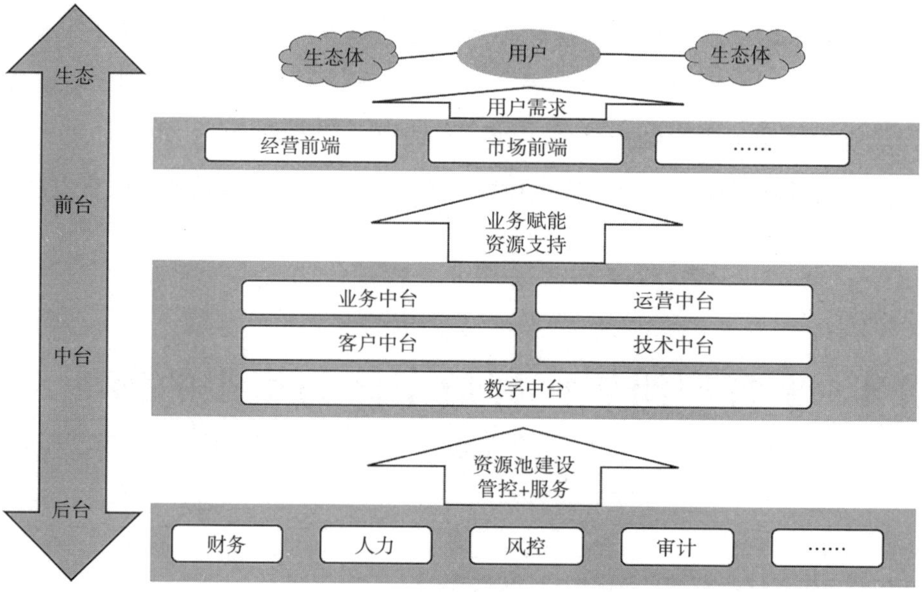

图 3-6　平台模式的运作

实施平台化转型是企业释放组织成员活力、推动自身提质增效、为企业构建强大核心竞争力的必然选择。传统企业的成功，更多的是依靠优秀企业家制定的科学合理的战略规划，以及中国经济快速增长释放的巨大红利、市场竞争不充分和信息不对称问题。如今，中国经济进入转方式、调结构的新常态，企业面临的同质竞争日趋白热化，不能及时完成转型升级的企业很难长期生存。平台化转型使企业打破了各种边界，通过高效整合内部及外部优质资源构建强大的核心竞争力，对构建商业生态、强化企业竞争优势具有十分重要的价值。打造平台型企业，将成为企业构建核心竞争力的重要举措。

平台模式对市场竞争产生了深远影响，其率先在互联网行业得到大规模应用，如今正在向其他行业进行全方位拓展。过去十年时间里，平台模式在互联网行业的应用，给互联网行业的蓬勃发展注入了源源不断的活力与发展动力，一批创业者及企业积累了相当惊人的财富，而未来十年，平台模式将会在传统行业的改造升级中发挥不可取代的关键作用。

目前，中国经济面临较大下行压力，再加上跨界颠覆成为常态，传统企业生存发展遭遇重大挑战。同时，经济全球化日益深入、市场体系日益完善，这些又为企业带来了广阔的发展机遇，传统企业需要抓住转瞬即逝的发展机遇，积极向平台型企业转型，更好地服务广大用户及合作伙伴，并创造更高的利润回报。

在经济新常态的宏观背景下，市场竞争蕴含较高的不确定性，相当多的传统企业面临着巨大生存危机。在激烈复杂的市场竞争中，企业想要长期保持市场竞争力，必须持续优化完善，积极实施自我革新，只有这样才能有效应对用户注意力分散、恶性价格战、人才流失、利润下滑等诸多问题，而实施平台化转型为企业发展增添新动能、实现永续经营提供了行之有效的路径。

3.3.2 战略规划：平台化转型的内容

如今，平台之间的竞争逐渐代替了传统模式下企业之间的竞争。企业在构建平台化组织的基础上，可以经营互利共赢的生态圈，促进各项业务之间的协同发展。

比如，百度以搜索业务为核心打造互利共赢的平台化生态圈，阿里以电商业务为核心打造平台化生态圈，腾讯则以社交业务为核心打造平台化生态圈。与此同时，不少企业还采用多元化业务模式，致力于建设互利共赢的平台化生态圈。

在平台化生态圈发展过程中需注重：一方面，要聚焦于核心业务的运营，在此基础上不断向外延伸；另一方面，寻找生态圈内不同企业之间的互补关系，发挥整体的联动作用，促进成员之间的协同发展。除此之外，要对平台生态圈内企业的发展态势进行追踪，实施高效的风险管理，防止因某个企业经营不善影响整体的运营。

1. 企业平台化转型的战略规划

在进行平台化转型战略规划时，企业可以结合以下三种思路：

- 基于互联网带来的“去中介化”“泛中心化”等思维，精简业务流程，实现供需双方无缝对接，减少信息及价值在流通中的损耗。
- 建立完善的合作机制，充分激发各参与主体的积极性，摒弃大规模批量生产的传统生产模式，用充满个性化、体验感的优质商品与服务，使消费需求得到充分满足。
- 实施跨界整合，坚持共创、共建、共享、共赢的理念，加强和上下游产业链合作伙伴乃至竞争对手之间的交流合作，共同做大市场蛋糕，为用户创造更多价值。

企业可以对产业价值链的价值创造及分配环节实施优化升级，通过引入新的资源方等方式，充分发挥各参与主体的协同联动作用，实现对产业价值链的重构。具体而言，产业价值链的重构路径包括三种，见表3-2。

表 3-2　产业价值链的重构路径

路　　径	要　　点
巩固	对主营业务进行持续优化，提高其价值创造能力，控制成本，缩短流通环节，使企业的市场领先优势得到巩固
延展	在企业现有业务基础上，通过开发关联业务或提供新的解决方案，来满足客户潜在需求，为企业创造新的利润增长点
重建	打破传统产业价值链，在平台思维指引下，整合内部及外部优质资源，重构业务流程，从而建立全新的价值体系

2. 企业平台化转型的主要内容

企业要想完成平台化战略升级，还需重新构建组织内各种管理体系，对业务模式进行整合，对业务开展流程进行重构，对分配机制、内部交易机制进行优化，对经营主体管理流程进行规范，对运营风险进行有效控制，同时做好企业文化建设。

（1）厘清内部市场与交易规则。以企业内部分利与交易机制为依据，企业平台化战略可分解为不同的战略业务单元，进而发展为自组织结构与独立的核算单位，经营重心不断下沉，将不好的战略业务单元淘汰，推动各业务板块建立连接，实现联动，并以此为基础吸引外部创业者加入。

（2）塑造平台价值。平台型组织需要具备明确的价值，这些价值最终会通过独立体的费用及回报获取方式、利润分成、费用收取等方面体现出来。所以，企业推行平台化战略改造需要进一步明确、强化自己的核心价值，将核心价值转变为维系与各经营主体关系的媒介，而不是弱化标准、降低标准。

那么，企业总部平台要具备何种价值呢？具体来看，企业采用的竞争模式不同，其需要构建的核心价值也不同。对此，企业至少要从两个方面切入进行思考。

- 平台组织能否开展更多业务，塑造更多价值亮点？平台价值要通过平台构建的业务结构体现出来，平台组织的生态越丰富，就越有可能开展更多业务，塑造更多价值亮点。所以，在推行平台战略之前，平台首先要解决一个问题，就是如何以统一的客户群体为中心连续为客户提供多元化的服务。
- 平台化企业可以为客户提供的运营价值有哪些？一般来讲，平台化企业可为客户提供的价值主要有战略及人力资源输出价值、基础管理服务价值、市场导入与品牌价值、企业文化驱动价值等。具体来看，平台化企业要以自己所处行业、企业规模、发展阶段、需整合的外部资源等为依据，对自己可为客户提供的运营价值进行明确。

（3）优化经营模式与业务结构。企业要在自身经营模式与业务结构的基础上，重新对经营模式、业务结构进行组合。在经营模式方面，企业应尽可能链接平台内的参与者，以最大化发挥协同效应，提升经营利润；在业务结构方面，企业应基于拥有的资源对业务内容和结构进行优化。

（4）再造企业文化。平台型组织要站在更高的角度、以更长远的目光看问题。企业文化不是商业利益的简单叠加，它注重的是借文化之力对团队进行整合，从使命、价值观等角度出发将平台所有主体融合在一起，让彼此产生商业认同，建立紧密联系。

（5）构建无边界组织。个体的创新能够驱动组织的发展，所以组织边界就是人的边界。对于更高级别的平台型组织来说，其主要任务就是突破组织边界，打造一个无边界组织，让组织的创新、创造活力在最大程度上得以释放。

3.3.3 去中心化：打破传统组织架构

身处数字化时代的企业，正积极改革原有的组织形态，向平台化方向发展。传统模式下，企业采用等级森严的管理模式，企业的发展取决于领导者；在平台化组织形态中，所有组织成员都能够发挥其动力，对企业的发展产生影响。相较之下，后一种企业的发展速度更快一些，这是由于各个部门的优势都能够充分展现出来。

平台化组织形态就是要消除等级森严的内部结构，形成平行化的团队管理模式，充分发挥所有内部成员的才能；围绕企业的核心竞争力，开展平台化运营，并建立完善的生态体系；成员发展与企业整体发展方向保持一致，逐步建立成熟的组织文化。

以往，企业建立的是金字塔式的组织结构，企业内部拥有多个独立部门，这些部门都有对应的上级，企业实施科层制管理模式。传统模式下，采用这种管理方式的企业能够保持快速的运营状态。但进入数字化时代，企业面临的市场环境越来越复杂，之前的管理模式已经无法满足企业的发展需求，很多固守传统的企业出现了经营效率低下的问题。而平台化的组织形态能够简化企业的等级分布，以团队化方式组织人才，满足各项业务的发展需求。

对比大企业与小企业的运营情况可知，很多大企业都存在运营效率低下的问题，企业制定决策后，部门反应不够灵敏；相比之下，小企业的运营效率更高，反应更快。因此，大企业应该积极改革传统的组织形态，对整体组织进行拆解，根据业务需求开展运营。

海尔集团于2013年开始实施“企业平台化、员工创客化、用户个性化”战略。海尔集团董事局前主席张瑞敏认为，公司的中间层并不具备独立思考的能力，无法向公司反映市场发展态势。

在实施组织平台化改革的过程中，海尔推出“人单合一”模式，对原有组织框架进行调整，旨在拉近客户与企业之间的距离。在这种新模式下，企业通过进行平台化的运营，充分发挥每个员工的优秀才能，使员工能够对接用户的需求，提高其工作的自主性，进而调动其工作积极性。在这种模式下，海尔主张“把大企业做小，把小企业做大”，以平台化的管理思维，将大企业拆分成小企业展开运营，再拓展小企业的规模，增强整体竞争力。

平台化组织形态下，企业内部组建起一个个项目团队，这些团队是自由的，主要体现在三方面：

- 企业员工为开展某个项目组成团队，这种团队的团结性更强，能够发挥成员间的协同效应。
- 项目团队掌握一定的自由权，可以根据项目发展需求制定决策、选择人才，并进行资源配置，充分体现团队的优势。
- 在运营过程中，项目团队能够自由拓展或者解体。如果项目运营完成，或者项目宣布停止运营，项目团队就失去了存在的意义，可以自由解散。由此可见，无论是团队建立、发展，还是解散都是自由的。

实施平台化转型时，企业必须基于转型战略规划及实施方案，对组织架构进行有效调整，从而充分满足生存和发展需要，否则平台化转型很难取得成功。很多企业在转型过程中，虽然革新了商业模式，但未能对组织结构进行优化调整，资源整合阻力大、成本高，企业难以实现内部高效协同，更无法和产业链上下游合作伙伴进行无缝对接。虽然投入大量成本，但转型升级根本无法取得预期效果。

从企业视角看，无论是选择巩固产业价值链，还是延展甚至重构价值链，都需要转变思维模式与经营理念，从传统的企业本位思维转变为用户本位思维，以为用户创造价值为导向组织开展各项经营工作。为此，必须对企业的组织架构做出有效调整。

通过调整组织架构，企业可以使岗位职责得到进一步明确，比如，转型整体由谁负责，是自建平台还是和第三方合作；如何挖掘用户价值；和哪些合伙伙伴共同打造生态系统等。平台型企业的高效稳定运营，必须有一个高度协同、能够充分激发员工活力与创造力的组织架构来提供有力支持。

3.3.4 落地关键：培养平台型人才

即便再优秀的平台化转型策略，如果没有优秀的人才来执行并推动，也无法创造价值。长期以来，传统企业倾向于认为自身和用户之间是单纯的交易关系，消费者付款后便宣告双方关系终止，企业更多的是从自身利益出发进行运营，主要目的是尽可能地赚取更高的利润，从而忽略用户的真正需求。当时，由于产品供不应求，这种做法的弊端被持续增长的经营业绩掩盖，企业对经营管理人才的需要处于较低的水平。

然而，当企业实施平台化转型后，企业的组织架构、商业模式、管理模式等均需要发生重大调整，对人才的需求也会集中爆发。在平台型企业中，所有的组织成员都需要掌握资源开发及整合的能力。当然，企业为实施平台化转型可以适度引进外部人才，但更多的还是要通过内部培养，为转型升级提供人才支持。具体来看，企业可以从四个方面来培养优秀的平台型人才，如图3-7所示。

1. 提升人才自主性

平台型人才应该具有较强的自主性，可以根据实际需要，灵活整合并高效配置资源。为此，企业需要建立完善的组织机制，使组织成员可以更为灵活地开展日常工作，充分整合并利用内部及外部的优质资源。同时，鼓励组织成员进行自主创新，主动学习新技术、新技能，掌握新模式、新理念。

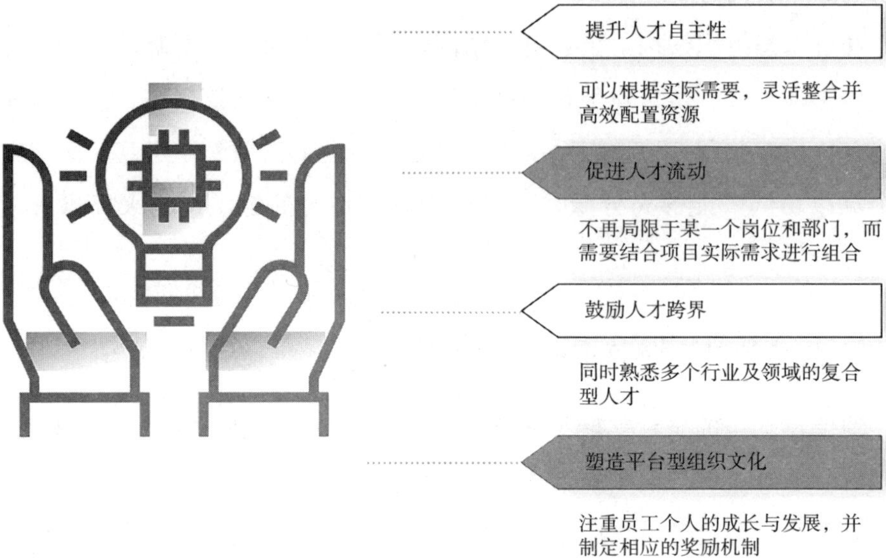

图 3-7 企业培养平台型人才的路径

项目小组制对激发组织成员工作积极性具有较好的实践效果，一方面，它明确了每个组织成员的岗位职责，所有人都能够在各自的项目小组中通过参与决策影响项目进程；另一方面，它使企业能够更为精准地对员工业绩进行考核评价，员工创造多少价值就能获得相应回报。

2. 促进人才流动

在平台模式中，传统金字塔式的组织结构被扁平化、去中心化的组织结构取代，所有员工不再局限于某一个岗位和部门，而需要结合项目实际需求进行组合，个体将获得实现自我价值的优良平台，其能动性也可以得到充分发挥。

这种情况下，企业必须促进人才在组织内部的高效流动，让员工可以结合能力与兴趣选择合适的项目，和志同道合的组织成员高效协同，在为企业创造更高价值的同时，也实现自我价值。

3. 鼓励人才跨界

跨界是平台型企业的一个重要标志，因此，传统企业的平台化转型升级必须要有优秀的跨界人才，也就是同时熟悉多个行业及领域的复合型人才。这种人才在企业界向来是稀缺资源，从外部引进需要付出较高成本，更为可行的方案是，积极鼓励组织内部人才进行跨界。

具体而言，企业可以从组织内部筛选出一批富有活力和创造力、有强烈的好奇心、善于从各个渠道获取信息的人才参加跨界项目。从另一个角度来看，复合型人才往往也不愿意局限于某个岗位或领域，他们喜欢接受各种未知的挑战，在持续拼搏奋斗中获得成就感、满足感。

4. 塑造平台型组织文化

在平台化的组织模式下，企业内部可能会出现各行其是的问题，容易导致整体执行率较低，不利于企业的长远发展。针对这种情况，企业应该通过塑造平台化组织文化使内部人员更加团结，将员工个人发展与组织整体发展结合起来。

为此，在树立共同愿景时，要注重员工个人的成长与发展，并制定相应的奖励机制。比如，在项目发展过程中担任主力的团队，或者在团队中起到主导作用的员工个人，在项目完成后应该得到企业的奖励，使之成为其他员工学习的榜样。此外，也可以让员工参与企业发展成果的分配过程，从而实现员工个人愿景与企业共同愿景的有机统一。

如今，不少公司允许员工持股，将公司发展与员工个人利益连接起来。小米就是这方面的典型代表，小米采用扁平化管理模式，内部人员共分为三个层次——核心创始人、部门负责人及普通员工，并未设置多余的职务。在初期发展阶段，小米就开始实施员工持股战略模式，让员工共享企业发展成果。

进入数字时代，越来越多的企业着手建设平台化组织。这种新型组织形态是企业对传统组织模式的颠覆，能够使企业跟上时代发展的步伐。要想提高整体组织的竞争优势，企业就要突破传统思维模式的束缚，实施平台化改革，组建自由项目团队，经营互利共赢的平台化生态圈，并注重文化方面的建设与发展。

整体来看，企业的平台化转型已经成为企业转型的主流趋势，但平台化转型并非易事，需要企业长期投入海量资源，不能急功近利，否则不但无法达成预期效果，还可能会加剧企业的生存危机。为了有效控制风险，企业在实施平台化转型过程中，可以采用迭代式发展思路，在保持原有价值体系的基础上实施平台化转型，确保企业能够有源源不断的现金流，通过不断更新迭代，逐渐将产品、组织架构、商业模式、业务流程等方面的转型成果整合到平台之中，在推动自身发展壮大的同时，最终完成平台化转型升级。

第4章

技术创新

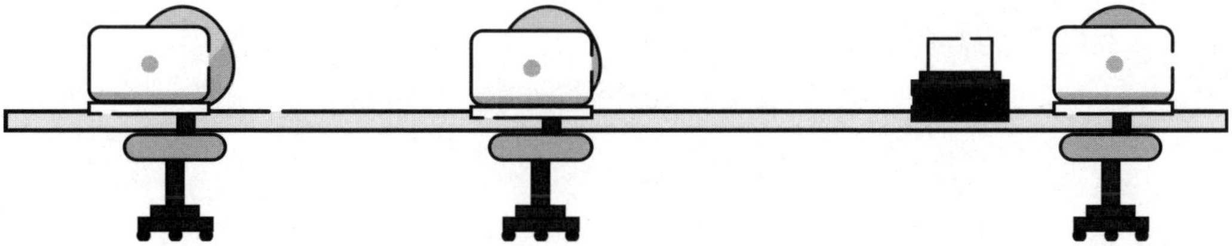

4.1 技术创新的概念内涵与主要分类

4.1.1 技术创新的概念与内涵

熊彼特的创新理论认为，创新意味着全新的生产要素组合，并由此得到新的生产方式，达到提升效率、节省成本、增加利润的目的。此后人们在熊彼特创新理论的基础上不断延伸，提出技术创新、产品创新、市场创新、制度创新等更为细化的创新概念。

其中，技术创新，即企业家把握潜在盈利机会，或是洞察技术的盈利潜力，出于盈利的目的重新组合生产要素和生产条件，构建新生产经营体系，提升效率和效能，研发新的技术、工艺、产品，拓展新的市场，构建新的企业组织。由此可见，技术创新是一个综合过程，涉及技术、组织等多个领域。技术创新的内涵如图4-1所示。

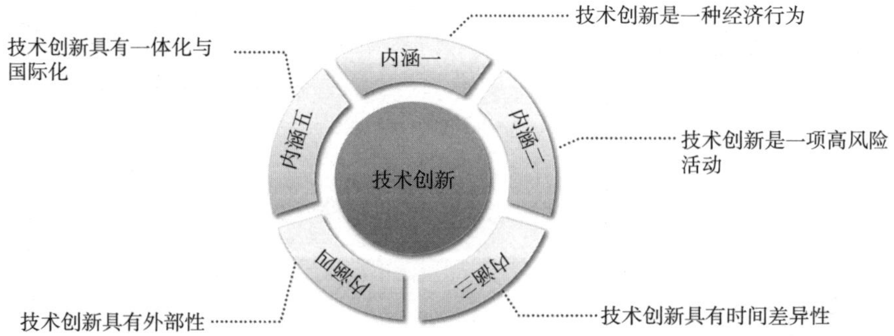

图 4-1 技术创新的内涵

1. 技术创新是一种经济行为

技术创新与研究开发不同，二者之间的主要区别见表4-1。商业利润是技术创新的目标和导向，也是评判技术创新的主要标准。作为技术创新的发起者，企业家需具备对潜在商业机遇的敏锐洞察能力、优秀的组织能力，以及不惧风险的胆量和魄力。

表 4-1　技术创新与研究开发的主要区别

项　目	本　质	行为发出者	类　别	成　果
技术创新	是经济行为，是技术和经济相结合的产物	企业家	按照基于对象、基于模式或基于新颖程度，分为不同类别	由技术创新得到的是新的产品、工艺等
研究开发	一种技术行为	科学家、科研工作者、工程师等	分为基础研究、应用研究、实验开发三类	通过研究开发得到的是研发成果

不过，技术创新又与研究开发紧密相关，技术创新以研究开发作为起点和基础。因此，追求技术创新的企业家必须重视研发活动，加大在研发方面的投入力度。

2. 技术创新是一项高风险活动

技术创新的结果大致有三种：第一种结果是创新成功，由创新所得的收益达到甚至超过预期；第二种结果是创新彻底失败，创新收益远不及预期，造成较大幅度的亏损；第三种结果介于以上两种结果之间，即虽然创新收益未达预期，但同时也并未造成亏损，或是亏损幅度不大。由此可见，技术创新是存在较高风险的，许多技术创新最终都只能面临失败和亏损的结局。

此外，在技术创新的不同阶段，风险指数会发生变化。应用研究阶段是技术创新的难关，此阶段创新的成功率通常不超过25%；开发研究阶段的成功率为25%～50%；而产业化阶段则为50%～70%。与风险相对应，企业在不同阶段的投入也有着明显差异，风险越小、成功率越高的阶段投资比例越高，具体比例大致为1∶10∶100。

尽管技术创新属于高风险活动，但是风险并不是完全不可控的，通过制定完备的风险应对策略，采取及时有效的风险防范措施，企业可降低风险的发生概率，减弱风险造成的影响，为技术创新的成功提供保障。

3. 技术创新具有时间差异性

总体而言，由于技术创新具有比较高的复杂性，因此其需要的周期较长，至少需要数年才能完成，而技术创新花费的具体时间取决于创新的性质。

- 发展性技术开发，是在现有技术的基础上进行研发，因此所需时间较短，通常在2～3年。
- 应用性技术开发，需在应用层面上取得新的技术成果，开发时间稍长，大约为5年。
- 基础性技术开发，则需从底层开始研发新技术，为其他两类创新提供基座，因此花费的时间是最长的，通常为8～10年。

4. 技术创新具有外部性

技术创新的成果通常是公开的，除了使作为成果所有者的企业受益外，还会在更大的范围内产生积极影响，带动更多企业的技术进步，提升生产效率，这就是技术创新的外部性。

对于整体的社会经济发展而言，技术创新的外部性无疑具有正向意义。但是问题在于，技术创新活动需要很大的投入，这些投入几乎全部由发起技术创新的企业承担，其他企业却可以通过简单效仿创新成果享受到成果带来的好处，同时不向创新企业支付任何费用。这不仅有失公平，还会严重打击企业技术创新的积极性，阻碍技术创新的发展。针对这一现象，政府部门应为技术创新企业提供必要的支持，维护其正当利益。

5. 技术创新具有一体化与国际化

技术创新的一体化表现为企业内部和外部的一体化，见表4-2。

表 4-2　技术创新的一体化

表　现	内　容
内部一体化	是企业各部门的一体化，包括技术部门、生产部门、销售部门，加快技术向产品的转化以及产品的市场投放，提升技术应用效率
外部一体化	主要是产学研一体化，通过融合协作使科研、教育、生产各环节发挥出最大效用，对技术开发起到促进作用

技术创新的国际化可从两方面看待：第一，以国际机构为枢纽，技术创新的跨国合作愈发频繁、日趋深化；第二，技术创新中跨国公司的作用得到凸显，成为技术创新全球性合作的重要平台。20世纪60年代前，跨国公司在国际产业发展中更多地扮演投资者的角色，如今则逐渐转变为技术开发合作的主导者。

4.1.2　技术创新分类

技术创新的分类方法并不固定，主要按照对象、模式或新颖程度进行分类，如图4-2所示。

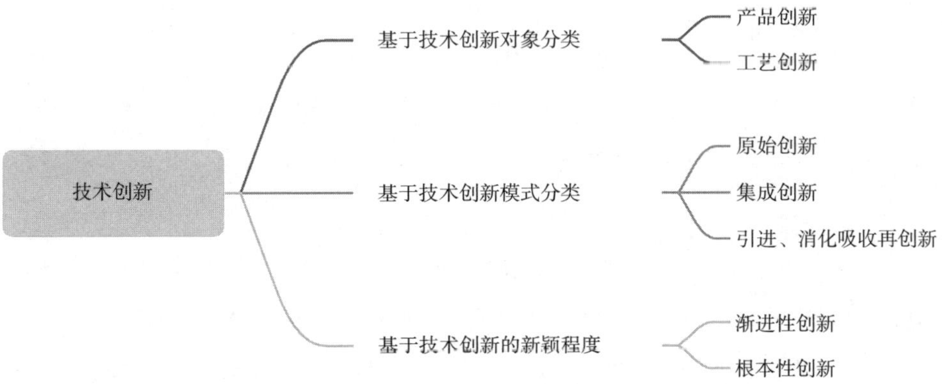

图 4-2　技术创新的主要分类

1. 基于技术创新对象分类

根据创新对象的不同，技术创新有产品创新和工艺创新之分。

（1）产品创新

根据OECD（经济合作与发展组织）的定义，产品创新是产品技术的改变，目的是让用户享受到全新服务，或是提升服务的质量。“现代营销学之父”菲利普·科特勒提出，产品整体由核心、形式、附加三部分组成。基于产品整体概念，产品创新具有多元化的性质，涵盖功能、形式、服务多个层面的创新，市场是创新的最终导向。

产品创新可根据技术变化量进一步划分，技术变化主要体现在产品功能和技术原理两方面，技术变化量大、变化明显的创新为重大产品创新，技术变化量小的创新为渐进产品创新。渐进产品创新没有开发出新的产品功能，同时大致沿用现有的技术原理，是对现有产品的拓展和改造，比如在收音机基础上制造出的组合音响就属于渐进产品创新。

产品是消费者的直接使用对象，也是企业的主要销售单元。因此，在企业创新中，产品创新处于核心地位，在很大程度上决定了企业的盈利水平和整体竞争力，许多顶尖企业都由产品创新所造就。另外，工艺创新往往是在产品创新的推动下发生的。

美国3M公司是具有全球知名度的优秀企业，常年位于世界500强榜单，在美国国内更是受到各界的高度认可。与其他知名企业比，3M公司在规模上并不显眼。真正使3M公司赢得人们赞赏和尊敬的，是其不同凡响的创新能力。

3M公司非常注重创新环境的构建，以创新作为企业发展的主要驱动力。6万余种产品是3M公司多年坚持创新所取得的成果，这些产品涵盖电子、通信、化工、建筑、教育等多个领域，凭借高超品质得到了市场的青睐。3M公司创新的步伐从未停歇，他们每年都会推出几千件新产品，无穷无尽的创造精力和层出不穷的创新成果使3M成为对人类生活影响最广泛的公司之一，每天全球范围内的一半人口都会直接或间接接触到其产品。3M的创新精神已经使它在企业发展史上留下了浓墨重彩的一笔。

（2）工艺创新

工艺创新是生产过程或生产技术的创新，设备更新、组织管理变革等都属于工艺创新的范畴。与产品创新一样，工艺创新也可分为重大和渐进两类。重大创新是设备或生产方式的全面性或根本性创新，比如福特的流水线生产具有开创性意义，计算机集成制造系统代表了信息化时代制造技术的革新，而氧气顶吹转炉、连铸系统等也意味着全新设备的应用，这些都可看作重大工艺创新。渐进工艺创新则更多地表现为局部的改造，比如某项工艺的优化、生产流程的某处调整，或者是为控制产品质量而采取的某项措施等。

工艺创新能够在生产效率、资源利用率、产品质量、能耗等方面，为企业带来积极的改变，为产品创新提供重要支撑。

作为全球销量最高的汽车公司，丰田的优势源自其生产系统。丰田实行“精细生产方式”，主张不做无价值的工作，围绕这一观点，又提出“即时到位系统”和“智能自动化”。

“即时到位系统”旨在实现让部件在指定的时间自动到达汽车组装流水线的指定位置，从而完成部件的安装工作。“智能自动化”是赋予机械以人的思维和智能，自动智能机械拥有自动停止运转的功能，以应对异常状况的发生，另外操作人员也可按下按钮使产线暂停运行。

1984年，丰田与通用共同在美国成立了合资汽车公司NUMMI（新联合汽车制造公司），NUMMI的汽车制造工厂并非新建，而是由现有工厂改造而来，设备和人员并没有太多变动，但是在使用丰田的汽车生产系统后，工厂生产效率相较于原有工厂提升明显，提升幅度超过两倍，可见丰田生产系统的强大。

2. 基于技术创新模式分类

根据创新模式的不同，可将技术创新分为三类，即原始创新、集成创新，以及引进、消化吸收再创新。

（1）原始创新

原始创新是其他创新的基点，具备开创性和先导性，基础科学和前沿科学是原始创新发生的领域，创新的主体以科学家和科研人员为主。

（2）集成创新

集成创新是由企业发起的创新。通过资源的整合及创新要素的合理调配，企业完成集成创新，取得高质量的创新成果，以达到扩大市场份额、提升经营利润等目的。

与原始创新不同，集成创新并不产出新的原创技术，而是在现有技术的基础上实现产品和工艺的创新。生产社会化加深了各产业及各项技术间的联系，在这样的背景下，技术创新与开发不再是孤立的行动，而需要配套技术和管理模式的支持，以实现生产力的进步。集成创新涉及一系列相关技术的创新，扩大了创新的规模和影响，能够帮助企业显著提高整体竞争力，这样的效用是单项技术突破所不具备的。

（3）引进、消化吸收再创新

引进、消化吸收再创新与集成创新有相似之处，都是基于现有技术的创新，其差别体现在集成创新产出新的产品或工艺，引进、消化吸收再创新则是在产品价值链的部分环节实施创新。开展引进、消化吸收再创新，首先要通过各种手段从外部获取到技术，而后根据自身需求和目标完成技术的充分消化和吸收，使技术能够真正为我所用，并最终实现创新。相较于其他两种创新模式，引进、消化吸收再创新门槛较低，在现实中使用频率最高，对于后发国家或起步阶段的企业而言尤其适用。

以上三种技术创新模式都是自主创新，且三者之间存在联系。原始创新是创新的起点和源泉，对集成创新和引进、消化吸收再创新具有启发和推动作用。开展自主创新活动，要充分发挥三种创新模式的作用，同时认识到三者在投入、周期、风险、所需技术条件等方面存在的差别。

3. 基于技术创新的新颖程度

以新颖程度为划分依据，技术创新有渐进性创新和根本性创新之分。

（1）渐进性创新

渐进性创新建立在现有技术的基础上，所运用的仍是现存的技术框架。渐进性创新并不产生新的技术原理，其创新性主要表现在具体产品或工艺上，提升产品性能，开发新的产品功能，对工艺实施优化。

举例来说，手机的出现时间很早，之后围绕手机的渐进性创新持续推进，手机的体积越来越小，使用越来越便捷，功能变得越来越强大和丰富。虽然在这个过程中技术原理未发生根本性变化，但产品的实用性和用户的使用体验确是在不断提升，这充分体现了渐进性创新的价值和意义。

①特点。渐进性创新的主要特点见表4-3。

表 4-3　渐进性创新的主要特点

特　　点	内　　容
小步快跑	高频小幅改进，具有循序渐进、聚沙成塔的特征
低风险	基于现有的技术原理或成果，因为有所凭借所以风险较低
成本低且可控	无须研发新的技术，只用优化和改进，总体成本较低，成本可控性强
市场适应性强	创新周期短、难度低，面对市场需求响应更快

②应用。应用效果包括性能优化、成本控制、功能扩展、体验提升等。

③影响。对当前市场的影响相对有限，不会带来颠覆性改变，更多的是局部性改变。

④战略意义。帮助企业扩大市场份额，巩固竞争优势，在推动企业转型和革新方面作用并不显著。

（2）根本性创新

根本性创新是颠覆性的技术创新，通常由重大科学成果推动。根本性创新的影响极为深远，能够使产业格局发生深刻变化，有的根本性创新甚至意味着人类进入历史的新阶段。

比如，随着电池、智能驾驶等技术的发展和应用，汽车产业迎来了新能源、智能化的新发展方向。而从历史的角度看，蒸汽机、电力、信息技术都是意义极其重大的根本性创新，与之对应，人类分别迈入了蒸汽时代、电气时代和信息时代。

①特点。根本性创新的主要特点见表4-4。

表4-4 根本性创新的主要特点

特　点	内　容
颠覆性强	创造全新的产品或服务，有时甚至能造就新的行业或市场
风险高	缺乏现有技术作为凭借，市场反应也未知，因此技术研发和应用的风险较大
成本高	相较于在现有技术基础上实施改进，开发新技术工作量和难度更大，成本更高
市场适应性不确定	未经过市场验证，在能否适应市场的问题上难有确定论断

②应用。用于产品和服务的全面革新，或是推动企业转型，确立新的生产和经营模式。

③影响。会在很大程度上影响当前市场，乃至使市场格局发生颠覆性改变。

④战略意义。为企业发展开拓新的领域，确立新的优势，实现企业跨越式发展。

（3）综合比较

①创新程度。根本性创新是创造新的技术，而渐进性创新只是现有技术的发展和延伸。以创新程度而论，前者无疑远高于后者。

②风险与回报。根本性创新不确定性高，因此需面临远大于渐进性创新的风险，而一旦成功，所得到的回报也远高于后者。

③市场影响。绝大部分渐进性创新至多只是重要的市场动态，起到调节当前市场的作用；而根本性创新具备改变市场甚至再造新市场的能力。

④资源投入。根本性创新具有创新程度高、创新难度大、创新周期长的特性，因此所需资源投入远高于渐进性创新，除人才、资金外，有时还需要政策、应用对象等更多类型的资源。

在开展技术创新活动前，企业需要先对两种创新模式形成充分的认识，包括其各自的性质、特点、影响等，根据自身条件和需求选择适合自己的创新模式。盲目追求根本性创新是不值得提倡的，如果企业没有足够的资源和抗风险能力，最终所面临的只能是失败和损失，很多时候从渐进性创新做起是更为稳妥的方案。从另一个角度看，满足于渐进性创新也并不一定是最佳策略，如果企业具备根本性创新的条件，同时在企业发展上有更高的追求，则完全可以尝试根本性创新，一味谨慎行事可能会导致错失发展机会。

4.2 实践路径：技术创新的典型模式

技术创新是企业竞争力的重要影响因素，企业面向市场需求开展技术创新，可以将科技成果转化为经济收益。技术创新过程将促进资源的合理配置，显著提升资源利用效率，使更多的资源流向高附加值领域。技术创新模式从20世纪60年代开始经历了多次迭代，形成了五种代表性较强的模式，如图4-3所示。

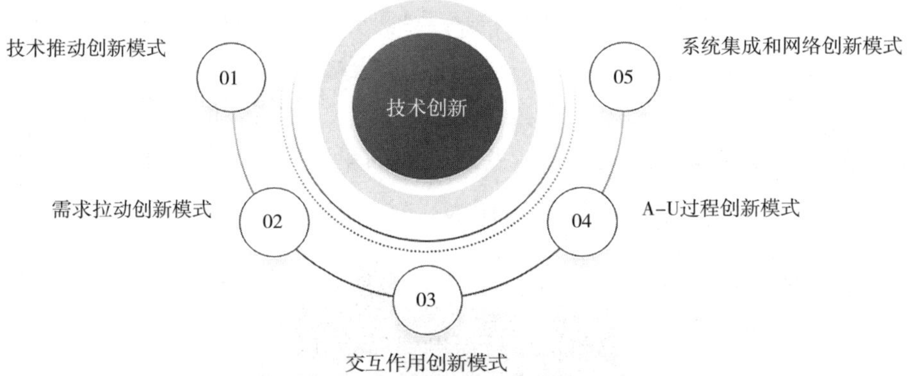

图 4-3 技术创新的典型模式

4.2.1 技术推动创新模式

首先介绍第一种创新过程模式——技术推动创新模式。

此模式将研究开发作为创新的驱动力，又称发现推动创新模式。科技研究对于创新的推动作用是非常明确的，以基础研究作为起点，通过应用研究实现基础研究成果在生产制造中的转化，最终产出新产品并将其推向市场。

20世纪50年代末到至60年代中期，技术推动创新模式多为企业所采用，彼时企业的研发以市场占有率作为目标和导向，对市场需求和用户反馈关注不多。为了达成提升市场占有率的目的，许多企业会采用加大研发投入的方式。然而，研发投入和创新之间并不是简单的线性关系。增加研发投入不能保证带来更多的创新成果和更好的创新效果，如果没有充分考虑应用场景和市场实际需求，那么创新的实际效果将存有很大疑问。

因此，除了科技研发投入之外，企业采用技术推动创新模式还要采取恰当的组织方式，按照工业发展趋势和市场需求开展创新活动，以提升科技创新成果的质量，促进成果转化。

4.2.2 需求拉动创新模式

此模式主张面向市场需求开展技术创新活动。20世纪60年代末至70年代初，市场竞争不断加剧，市场决定哪家企业在竞争中取得优势。在此背景下，市场需求分析的重要性得到凸显，企业开始基于市场真实需求推进技术创新，在研发和生产中采取服务于市场的被动姿态。

需求拉动创新模式主要有以下六个关键节点：

1. 需求的获取

这是影响需求拉动创新模式发挥作用的重要因素，同时需求交流的充分程度和具体性也可以在一定程度上影响到后续的转化效果。部分企业尚未明确需求或不具备明确表达需求的能力，需要由专业人员对企业展开调研，帮助企业充分掌握市场需求。

2. 超越需求的创新

部分存在短期功利思维的企业提出的需求通常为具体的现实需求，需要由科技创新团队分析讨论企业需求，并根据当下的技术发展规律和市场发展趋势帮助企业找准创新方向和创新重点，带领企业在明确短期需求的基础上进一步了解未来一段时间内的需求变化情况。

3. 协同创新

在需求拉动创新模式下，企业的研发人员、生产人员、营销人员等各方相关人员之间应互相协同，尽可能多地参与创新交流，共同推动创新工作，以便及时根据实际情况灵活调整创新的方向和重点，规避创新风险，减少创新成本。

4. 现场中试

受时间、成本等因素的影响，需求拉动创新模式大多并未要求展开各项系列化技术调试。一般来说，小试、中试、大试等系列化技术调试可统合为中试。在企业现场展开中试，可以为企业优化完善各项相关技术提供方便，同时企业现场也是进行中试的最佳地点。

5. 约定交付

在完成中试后，研发人员需要向企业交付技术成果。在交付过程中，双方要遵循转化合作协议，同时也要满足一些口头约定，部分企业还会将安排研发人员加入企业作为转化成果交付的条件。

6. 持续合作

在整个创新研发过程中，技术通常会不断升级迭代。为了保证自身发展的可持续性，企业大多倾向于与研发人员保持长期合作关系。但从企业的实际选择来看，若当期合作成效较好，那么企业通常会选择与研发人员持续合作，以便借助有效的合作来激发新需求，并利用新需求拉动创新。

需求拉动创新模式从市场需求出发，使创新活动具有较强的针对性，这是其值得肯定的地方。不过，这种模式的问题在于主动性和预见性不足，视野局限于与市场需求相关的较为狭窄的领域，过分关注当前的形势和利益，容易错失更大的创新机遇。

4.2.3 交互作用创新模式

现代科技的进步使各项技术的关联更加紧密，技术的综合应用趋势不断加强，各种创新模式间不再拥有明显的界限，技术、需求等多种要素共同参与创新，从而形成交互作用创新模式。

在企业的运营中，有的技术创新究其根源并不是由技术的发展推动的，而是起源于市场和生产需求。因此，对于这类技术创新，需在创新的早期阶段引入营销环节，以测试市场对新产品的反应。

20世纪70年代至80年代初，交互作用创新模式开始进入人们的视野。该模式可看作技术推动和需求推动两种创新模式的结合，技术和需求在技术创新中发挥不同的作用，并且其各自的作用和重要性会随着生命周期的演进而发生变化。在特殊情况下，交互作用创新模式也有可能演变为纯粹的技术推动创新模式或需求推动创新模式。

4.2.4 A-U过程创新模式

A-U过程创新模式由两位美国学者提出，分别是哈佛大学的阿伯纳西以及麻省理工学院的厄特拜克。根据两位学者的研究，在产业发展的不同阶段，产品创新与工艺创新之间的关系存在差异，在此基础上，他们将A-U过程创新模式划分成三个阶段，分别是流动阶段、过渡阶段、稳定阶段，如图4-4所示。

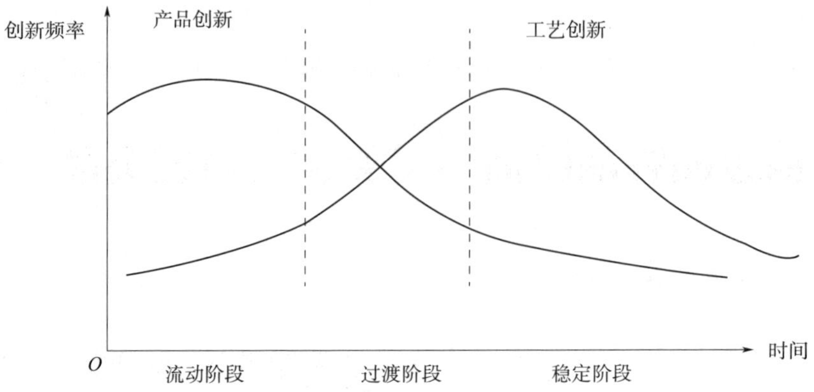

图 4-4 A-U 过程创新模式

1. 流动阶段

该阶段初期，产品创新与工艺创新处于上行状态，在后期产品创新将开始下降。在创新频率的绝对值方面，与工艺创新相比，产品创新领先幅度较大。企业在流动阶段的主要工作是探索和试错，该阶段需要大量的研发投入，同时结果具有较高的不确定性，因此这一阶段的企业很难获得太高的经济效益。

2. 过渡阶段

该阶段，产品创新持续呈下降趋势，工艺创新则保持上行，并完成对前者的超越。经过流动阶段，主导设计已经确立，在过渡阶段主导设计得到市场的广泛认可，产品创新的需求有所减少，创新频率持续走低，工艺创新愈发受到重视。过渡阶段是决定企业市场地位的关键阶段，要想在市场竞争中取得优势，占据更高的市场份额，企业就应推出与主导设计相契合的产品。

3. 稳定阶段

在该阶段的初期，工艺创新可能会短暂延续前一阶段的上升势头，随后进入下降状态，该阶段的产品创新仍然呈持续下降趋势，下降幅度则较前一阶段有所放缓。从创新频率的绝对值上看，该阶段工艺创新继续保持领先。在稳定阶段，市场需求以及产品的设计、生产、工艺等均趋于稳定，企业得以实现规模化生产，在生产效率方面取得显著进步，此阶段的创新多为渐进性的工艺创新，旨在节省生产成本，保障产品质量。

进入稳定阶段后，企业的刚性会不断增强，整个产业对于重大创新的接受度将变得极低，因为创新会淘汰现有设备，改变生产方式，并导致各个层级的从业人员失业，对当前稳定安逸的局面造成极大冲击。在这样的背景下，企业试图推进创新将面临来自内部的重重阻力。因此，稳定阶段的创新多由外部条件所推动，比如，在汽车产业，政府对新能源汽车给予补贴、免购置税等优惠政策，并规定了燃油排放指标，于是汽车产业开始沿着新能源方向创新，电动汽车产品成为重要的研发对象。

4.2.5　系统集成和网络创新模式

该模式代表了一体化的创新模式，包含多项职能，有多个机构的参与。在此种创新模式下，企业需整合内部资源，打造完善的内部系统，同时也要与其他企业形成有效的协作关系，构建创新网络，以达到节省创新成本、提升创新效率的效果。

系统集成和网络创新模式引入了专家系统、仿真等信息化和智能化手段，为创新活动的开展提供技术上的支持。系统集成和网络创新模式指出，企业的经营策略应与内外部环境相适应。不过，该模式对于环境的认识和表述尚有待拓展，主要是未凸显国家这一重要环境因素的作用。

国家环境会对产业发展产生重大影响，国家创造的正面环境和有利条件能够极大地促进产业繁荣，而产业崛起后也会增强国家的综合实力。在企业经营中，国家环境同样发挥显著作用，比如国家的经济发展状况会影响市场需求和规模，国家的教育水平也会影响人才供应情况等。

4.3 组织模式：营造良好的创新环境

企业技术创新管理包含两部分，一部分为产品创新管理，另一部分为工艺创新管理。这两部分涉及产品或工艺创新的整个流程，如设想、设计、研究、开发、生产、市场开发、市场认同、应用和商业化等。

企业是技术创新的主体，应建立内外统一的技术创新体系，并从自身的战略、技术、规模和人员素质等出发，采用适合自己的技术创新组织模式。

4.3.1 技术创新的内部组织模式

首先介绍技术创新的内部组织模式，其主要包括内企业、技术创新小组、新事业发展部和企业技术中心等内容，见表4-5。

表 4-5 四种内部技术创新组织模式对比

模式类型	特　点	优　势	适用情形
内企业	采用非正式的运作方式；员工数量较少，且大多数员工并没有明确分工；组织结构复杂度低、灵活性强	有效激发员工的创新意识；快速适应市场变化；解决制度限制创新的问题	技术创新型企业；跨部门产品
技术创新小组	组织成员数量较少；具有较强的开放性；目标明确，任务清晰；矩阵式结构	工作效率较高；工作中有较强的自主性	中小企业

续表

模式类型	特　点	优　势	适用情形
新事业发展部	具有较强的固定性；拥有较高的决策权	充分授权、高效；便于进行重大创新	中大型企业进入新的技术领域和产业领域
企业技术中心	具有较强的权威性；大多为矩阵式组织架构	产学研结合	大中型企业中负责集中管理的科技开发组织

1. 内企业

美国学者吉福德·平肖在《创新者与企业革命》一书中提出了“内企业家”概念。具体来说，“内企业家”指的是从事创新活动的企业员工，“内企业”指的是由“内企业家”创建的企业。对企业来说，可以通过给予员工一定时间离开本岗位工作参与创新活动的方式来鼓励创新，同时也要充分利用现有的资金和设备等条件，为各项创新活动提供支持，不仅如此，企业还可以通过创新获取收益，同时也要承担相应的风险。

内企业大多采用非正式的运作方式，可进行自主决策和自主开发，员工数量较少，且大多数员工并没有明确分工，组织结构具有复杂度低、灵活性强等特点。内企业可以有效激发员工的创新意识，让员工在创新的过程中获得更高的成就感，同时也可以快速适应市场变化，从产品创新出发，进一步优化调整生产方式和营销方式，解决制度限制创新的问题。

2. 技术创新小组

技术创新小组指的是针对某一创新项目专门抽调专业人员组建的创新组织。具体来说，企业技术创新小组主要具备以下特点：

- 对某一技术创新项目中的技术难题或小型技术项目的针对性较高，组织成员数量较少，工作效率较高。
- 通常包含企业中的开发人员、生产人员、营销人员和财务人员等不同部门的员工，这些员工在进入小组后即脱离原部门工作，在任务完成且小组解散后重新按照企业安排继续工作。
- 具有较强的开放性，成员数量会随着技术项目的实际情况变化。
- 目标明确，任务清晰，在工作中具有较强的自主性。
- 组织形式呈矩阵式结构，小组成员要接受原部门和技术创新小组两方的领导。
- 小组成员之间没有严格的上下级关系，各个成员在工作中需要互相协作。

总而言之，技术创新小组是一个高度灵活的自由联合体，能够解决跨部门工作造成的效率低下问题，可以在中小企业开展技术创新工作的过程中发挥重要作用。

3. 新事业发展部

新事业发展部是一个独立于企业当前运行体系之外的分权组织，具有较强的固定性，大多由企业选择的部分专业人员构成，只接受企业最高层的领导，拥有较高的决策权，主要负责开创全新事业。具体来说，全新事业主要指产品创新和工艺创新。新职业发展部在企业进入新的技术/产品领域时发挥着重要作用。

4. 企业技术中心

企业技术中心即企业科技中心，是大中型企业中负责集中管理的科技开发组织，同时也是企业的试验检测中心、情报信息中心、数据处理中心和教育培训中心，具有较强的权威性，在各项科技开发活动中发挥着十分重要的主导作用和引领作用。

企业技术中心大多为矩阵式组织架构，通常专门安排项目经理负责各个项目，并根据项目需求从各部门抽调相关技术人员，针对具体项目组建相应的课题组。

从项目进展方面来看，企业技术中心主要具备以下职责：

- 筛选出有一定市场的新产品、新技术、新工艺和新材料，并对其展开储备性研究，从中获取经济效益。
- 为企业开发重大产品及关键技术，深入理解并灵活应用企业引入的各项新技术，并对这些新技术进行二次开发。
- 探索将科技成果转化为生产技术和商品的有效方法。
- 参与企业中的各项技术引进及改造项目，对这些项目中的技术进行审定，并制定和落实企业技术进步发展规划。
- 推动产学研互相融合，积极与国内外企业展开技术交流与合作。

4.3.2 技术创新的外部组织模式

技术创新的外部组织模式，主要包括产学研合作模式、企业—政府模式、企业联盟等。

1. 产学研合作模式

从合作主体的关系来看，产学研合作模式主要包含以下四种：

（1）校内产学研合作模式。学校充分发挥自身在资产、科技成果和人才等方面的优势，并积极筹措教育经费，打造自主经营、自负盈亏的经济实体，并大力推动该实体与教学实习基地相结合，借助二者的结合体促进教学与科研相结合，加快科技成果转化速度，提升生产力水平，进而达到兼顾人才培养、科研发展和经济效益的效果。

（2）双向联合体合作模式。学校在市场开发、企业资产、市场化经营和生产等方面不具备优势，需要与校外企业合作，共同推进产学研相结合。在合作过程中，校外企业可以获得技术、人才等方面的资源，不断增强新品开发能力，保证发展的持续性，并达到进一步提高市场份额的效果。

（3）多向联合体合作模式。学校作为技术成果方，金融机构、社会资本投放者作为出资方，二者与生产经营企业均为联合主体，需共同负责有一定市场且需要投入大量资源的大型项目。

（4）中介协调型合作模式。政府的生产力促进中心、学校产品推广服务中心、社会科技推广服务机构、媒体附属的科技成果传播机构等作为中介，可以在各个主体之间发挥协调作用，提高信息交流的畅通性，精准衡量技术成果的成熟度、资金投入情况、产品开发和市场进入的有效性、权益和利益的拥有与分配标准的规范性，化解各个主体在合作过程中出现的矛盾，充分发挥校方技术成果价值，助力企业方把握市场机会。

2. 企业—政府模式

政府可以直接或间接参与企业的技术创新活动，推动企业成为技术创新主体，或将自己作为技术创新的附属主体。具体来说，企业—政府模式可分为以下三种类型：

- 政府投入大量资金用于技术创新，企业提供技术创新所需的人才资源，最终成果归政府所有。
- 政府为技术创新投资，企业在人才方面为技术创新提供支持，开发成果由企业出资购得。
- 政府为企业开展技术创新和融资等工作提供支持。

3. 企业联盟

企业联盟即动态联盟，主要指拥有相同的战略目标的对等经济实体互相联合，利用协议确立合作关系而形成的松散型网络组织体。企业联盟大多为技术联盟。在企业联盟中，各项要素可在各个对等经济实体之间流动，各个对等经济实体需要共享利益、共担风险。

一般来说，企业联盟的组织运行模式可分为三种类型，其对比见表4-6。

表4-6　三种企业联盟的组织运行模式的对比总结

模式类型	联盟核心	联盟伙伴	协调机制	适用情形
星形模式	盟主企业	相对固定的伙伴，如供应商等	盟主企业进行合理仲裁	垂直供应链型企业
平行模式	不存在盟主企业和核心企业	各个企业地位平等	自发性协调	需要进行产品联合开发且有长远考虑的企业
联邦模式	核心层（各个具备核心能力的企业）	外围层与核心层伙伴间的关系一般是技术外包或标准件供应关系	联盟协调委员会	需要快速开发高新技术产品的企业

（1）星形模式。盟主企业占据主导地位，且掌握着关键技术和资产，主要负责制定联盟运行规则和协调联盟成员之间的关系。联盟成员大多为相对固定的伙伴，如供应商等。当联盟成员之间出现冲突时，盟主企业需要进行合理仲裁，保证整个联盟的稳定性。垂直供应链型企业适用星形模式。

（2）平行模式。企业联盟由各个企业根据市场机制组建而成，不存在盟主企业和核心企业，各个企业均具有较强的实力和较高的自主权，且水平相当，地位平等，大多优势互补或类型相同，不存在主从关系，可以共同制定联盟运作规则，寻找市场，参与决策，共享资源和利益，共同承担风险。平行模式是一种符合当前市场竞争国际化和产品生产敏捷化的发展趋势的企业联盟组织形式，适合一些需要进行产品联合开发且有长远考虑的企业。

（3）联邦模式。各个企业平等且独立，可在此基础上发挥自身核心能力，与其他企业进行合作。各个企业需要组建联盟协调委员会，以便统一管理各项资源和技术，实现对联盟内资源的优化调度。

从组织结构上来看，联邦模式主要包含核心层和外围层两部分。核心层主要由各个具备核心能力的企业构成，这些企业可以处理动态联盟组织工作，也可以对动态联盟的运行过程进行控制。核心层中的企业在整个动态联盟中的生命周期较为稳定，各个企业之间关系紧密且长久，不仅如此，核心层的成员数量较少，因此管理和协调难度较低。外围层的成员会在联盟运作过程中不断变化。一般来说，联邦模式的动态联盟适合一些需要快速开发高新技术产品的企业。

在选择技术创新组织模式的过程中，企业必须明确技术创新目标，同时也要对自身当前技术与同行技术以及达成目标所需技术之间的差距进行分析，衡量现有技术人员创新能力，明确当前所处发展阶段，客观评价企业规模和资金实力，并综合考虑多项相关因素，选择合适的技术创新组织模式。

对传统行业来说，在发展新质生产力的过程中，必须为技术创新团队打造新的组织模式，提高技术创新组织的开放性，并借助合作模式来降低技术创新风险，优化新兴产业布局，加快推进未来产业培育工作。企业需要在环境、人员、思维模式等多个方面进行创新，将技术创新中心设立在研发人才、科研院所和高校较为集中的城市或地区，并加强与科研院所、高校等内外部组织之间的合作，共同建立联合实验室，解决基础技术、科研成果转化、技术创新人才培养等方面的问题。除此之外，企业还需整合各项资源，如人才资源、投资公司、供应链企业和技术创新机构等，并打通技术链、人才链、资金链和供应链，大力推动技术创新。

在技术创新过程中，企业需要探索提升研究开发效率、应用开发效率和技术成果转化效率的有效方式，加快将各项新的产品、工艺、技术和材料投入市场，并充分发挥集成产品开发（integrated product development，IPD）模式的作用，提高技术创新过程的数字化程度，以创新驱动企业发展。

4.3.3 技术创新的研发组织模式

面对日趋激烈的市场竞争，企业需从项目管理入手提升自身竞争力。而完善的项目组织结构以及与企业适配的高素质项目团队是促成项目管理成功的关键要素。项目组织类型决定了项目负责人拥有何等权力，以及负责人将通过怎样的手段获取和管理资源。项目组织类型与项目管理模式之间是相互对应的关系，两者在很大程度上影响实际的项目实施效果。因此，在项目管理中企业需对组织模式予以重点关注。

对于创新性企业而言，研发环节至关重要，是企业发展的命脉之一，下面将讨论创新型企业构建研发组织模式的要点。

1. 研发组织模式与企业环境的契合

（1）受环境影响与制约。企业的组织模式的形成与外部环境密切相关，科技、经济、文化等多项因素都会对组织模式产生影响。同时，组织模式也在一定程度上取决于企业自身性质，包括企业所处的行业以及企业规模。

而在实际项目中，企业还应根据项目周期及技术更新频率确定组织结构。如果项目周期较长，技术更新频率较低，则职能式组织是更为合理的选择，其能够让项目成员间的交流变得更加顺畅，达到提升技术绩效的目的；而如果项目周期较短，技术更新频率较高，则适合采用矩阵式组织，此种组织结构灵活性更强，有助于提升资源利用效率，优化团队协作效果。

（2）与发展阶段和战略相适应。“钱德勒命题”又称钱德勒的结构跟随战略，该理论认为战略重点与组织结构相互作用、相互影响，前者决定后者，后者又对前者形成制约。因此，企业应基于研发和创新战略确定研发组织模式，以确保战略与组织相匹配。

技术的飞速变革和进步对企业研发活动提出了新的要求，跨部门合作的重要性得到进一步凸显。而技术的演进也不断催生出新的市场需求，用户期望获取到全新的产品和服务。在急速变化的技术和市场环境中，机动灵活的矩阵式研发组织模式对于企业而言无疑是最优解。

2. 研发组织模式的动态发展过程

（1）三个发展阶段。企业的研发组织模式是动态发展的，大致分为三个发展阶段，具体见表4-7。

表 4-7　企业研发组织模式的发展阶段

阶　段	内　容
第一阶段	研发活动的范围限于事业部，未形成明确的研发目标和战略指向
第二阶段	开始形成矩阵式组织，建立研发项目组，在研发目标的引导下开展研发管理
第三阶段	针对研发建立跨部门组织，使研发与企业战略紧密结合

（2）与内外部技术领域的联系。企业研发组织应保持与内外部技术领域的联系，有效利用来自外部的信息，省去无意义的重复工作，促进高效

研发；加强外部合作，与更多的企业及科研机构等建立合作关系，共享资源和平台，共同开展研发活动，提升研发创新的质量和效率；在加强与外部技术领域交流的同时，企业要注意维持研发组织的稳定性，稳固的组织结构是研发活动的重要支撑。

3. 绩效管理与人力资源管理

（1）绩效管理的重要性。绩效管理是员工管理的重要组成部分。正确的绩效管理能够帮助企业提升核心能力，制定合理的组织战略，形成健康的组织文化，确立企业的长期竞争优势。因此，完善且适配度高的绩效管理系统对于研发组织模式而言意义重大，而研发组织的多维化趋势则对绩效管理提出了新的要求。

（2）人力资源管理的关键。人力资源管理也是构建研发组织模式必须考虑的内容，尤其需要注意的是，人力资源管理在矩阵式组织模式中能够发挥关键作用。矩阵式组织是职能式和项目式的结合，项目经理将完成项目所需的人力资源告知职能部门，并通过职能经理获取到资源。如果是同时推进多个项目，则人力资源的调配又是一个重要环节。职能主管与项目主管应分工合作，前者负责考察成员的技术操作和能力，必要时提供技术方面的指导；后者的职责为管理项目成员的行为、工作成果以及绩效。以上活动的开展需建立在稳定的团队合作关系之上，要求管理者和成员具备足够的耐心以及一定的沟通合作技巧。

在人力资源管理理念持续演进的背景下，企业的人员管理策略也发生了变化，将员工的自主发展和激励置于更突出的位置，并采用弹性薪酬、职业路径多元自主选择等方法调动员工的主动性和创造性。此外，运用大数据等先进技术，企业得以获取到精确度更高的员工绩效评估结果，进而实现人力资源管理方面的精准决策。

综上，在确立研发组织模式时，创新型企业要从内外部环境出发，充分认识组织模式动态发展的性质，并重视绩效管理的作用。在当前形势下，矩阵式组织对于企业来说是更好的方案，在选择合适的研发组织模式的基础上，企业还需做好人力资源管理等方面的工作，以提高组织运行效率，推动创新不断取得新的进展。

第5章

产品创新

5.1 产品规划：产品从零到一实战流程

5.1.1 产品规划的五大核心价值

产品规划即产品资源投入计划，通常可分为两种类型：一种是产品战略规划，具有长期性、宏观性等特点；另一种是版本计划或迭代计划，具有短期性、具体化等特点。企业需要从自身掌握的各项信息出发，综合考虑客户需求、市场竞争、市场趋势等多项因素，同时也要明确规划的目的，如商业增长、提升客户满意度等，并针对具体目的制定合适的产品规划。

对企业来说，产品规划是落实各项工作的指引和决策依据，能够提高工作的有序性和顺畅性，为应对各项未知的变化和困难提供支持。在产品规划的支持下，成员可以明确流程顺序，及时了解下一步工作内容。具体来说，产品规划的价值主要体现在以下四个方面。

1. 明确阶段使命

企业可以借助产品规划实现对产品全生命周期各环节的清晰认知，并明确在产品各阶段的使命和目标，同时也可以为相关工作人员明确任务内容提供方便，就具体工作任务在整个工作团队中建立协作共识。

2. 指导团队协作

产品规划包含产品各阶段的目标，可以为各团队的工作提供指导，同时也有助于团队成员进一步细分目标，了解自身及其他成员的个人目标和需要完成的任务，以便优化团队协作，提高团队成员之间的配合度。

3. 提供决策依据

当企业决策困难时，可以从产品规划入手，明确约束决策的条件，并根据产品规划中的阶段目标和最终目标做出决策。

4. 指引前进方向

受内部因素、外部因素、意外因素等的影响，企业的团队工作可能会偏离预期方向。此时，企业可以充分发挥产品规划的作用，以产品生命周期各阶段的目标为指引，找准前进方向。

5.1.2 产品规划的信息收集工作

企业在制定产品规划之前，需要广泛采集各项相关信息，开阔产品视野，建立全局化的思维和认知。

1. 明确企业战略

企业战略指明了企业未来发展的方向，有助于明确产品的类型、预期要求以及资源配置。在制定产品规划时，企业需要围绕战略来确定目标和导向，了解当前所掌握的各项资源，分析这些资源可支撑相关团队实现哪些产品目标。

2. 明确产品价值

企业需要明确产品价值，并从自我和用户两个方面入手，根据产品价值进一步规划产品方向和落地计划。具体来说，对自我的价值指的是企业战略中对产品提出的期望和要求；而在制定产品规划的过程中，还需要在落实企业战略的基础上充分满足用户需求，在用户层面发挥产品价值。

3. 明确产品定位

企业需要借助明确的产品定位找准产品的服务群体，探索打动用户的有效方法，以便获得更高的转化。具体来说，产品定位主要涉及用户群体定位、目标市场容量、产品竞争力和商业策略等内容，可以帮助企业明确服务对象的分布、目标群体大小、产品特点和盈利方式等。

4. 明确用户需求

需求池是企业制定产品规划时输入的内容。一般来说，企业需要在明确用户需求及需求场景的前提下，展开产品规划工作。

5. 明确已有功能

在制定产品规划之前，企业必须提高对产品的熟悉度，借助流程图和产品架构图厘清产品当前已有功能，深入了解产品的各项功能及应用场景。

6. 进行数据分析

对企业来说，分析历史数据有助于理解市场走向，制定合适的发展策略，优化调整产品规划的倾向性；拆分核心结果指标有助于快速定位当前需要提升的过程指标。

7. 了解市场趋势

企业可以通过市场分析来了解市场状况和市场需求，以便有针对性地制定市场策略，增强需求满足能力，进而建立竞争优势。

8. 竞品分析

企业需要明确目标市场定位、自身优势及竞争对手等信息，并据此制定市场策略，强化竞争优势，同时分析自身产品与竞品之间的差异，深入挖掘形成这些差异的原因，并从竞品中找出可学习借鉴之处。

9. 资源投入

资源投入受企业战略规划和产品线战略规划等的影响。一般来说，企业需要衡量相关产品在整体业务中的重要性，并据此进行人力资源配置。从理论上来看，企业应根据产品规划确定资源投入，但产品只是业务系统的一部分，因此相关团队只能按照企业高层的决策结果行事。在实际操作中，产品经理可以在企业高层做出决策之前，以市场增长、业务反馈等理由为产品争取更多资源。

5.1.3 产品规划的方式与工具包

1. 产品规划的方式

在制定产品规划时，企业既可以选择以关键目标为主体，也可以选择以生命周期为主体，如图5-1所示。

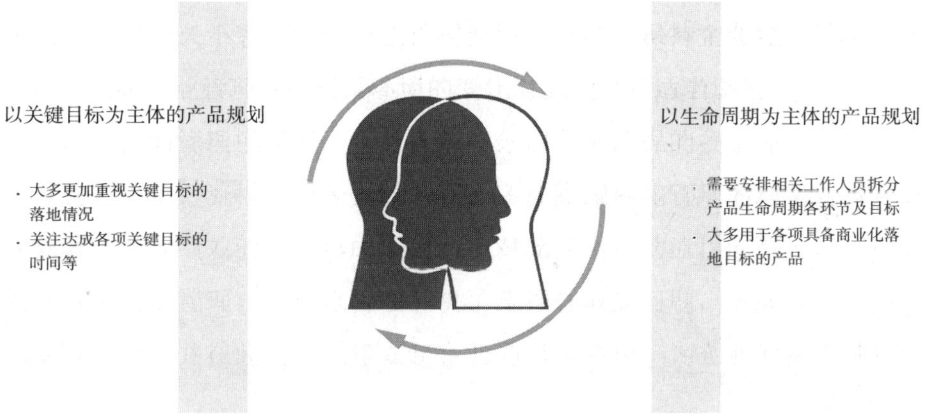

图 5-1 产品规划的方式

（1）以关键目标为主体的产品规划。采用以关键目标为主体的产品规划方式时，企业大多更加重视关键目标的落地情况，通常十分关注达成各项关键目标的时间等相关信息。具体来说，以关键目标为主体的产品规划方式主要有以下两种应用场景：

● 在关键目标为技术突破的科研性项目中，企业对产品化落地的关注度相对较低。

- 高层管理人员大多重点关注各关键节点目标，如产品上市时间等。在确定各个关键节点的目标后，企业中的相关团队的成员会进一步规划设计，按部就班地推进目标落地工作。

（2）以生命周期为主体的产品规划。在采用以生命周期为主体的产品规划方式时，企业需要安排相关工作人员拆分产品生命周期各环节及目标，对各个环节的具体目标、方向、成果及动作进行规划设计，制订科学合理的资源投入计划。具体来说，这种方式大多用于各项具备商业化落地目标的产品，使用者通常为产品一线管理人员。

一般来说，在制定产品规划时，企业可以从目标、进程、资源和任务四个角度入手，掌握资源投入的类型和时间，确定任务内容和目标。

2.产品规划工具包

常用的产品规划工具包主要包括以下三种：

（1）思维导图。企业的团队成员应充分发挥思维导图的作用，以思维导图的形式呈现各项松耦合的知识。在实际操作过程中，企业需要整合各项相关碎片化知识，分析各个阶段的需求迭代问题，了解行业及竞品的发展现状，把握政策发展趋势，制定企业产品矩阵以及平台的战略规划，通过对各项相关知识点的系统化整理和深入思考来获取充足的信息，找准可持续发展的方向，防止后续规划偏离战略目标。

（2）产品架构图。在绘制产品架构图时，企业应从当前实际情况出发，明确未来发展方向和目标，并在此基础上，提升产品功能的信息化和模块化程度，打造可视化程度高、层次清晰的产品功能架构，为项目成员快速深入了解项目的产品结构、功能、交互和复杂度等提供支撑，同时也为团队中的技术人员和运营人员制定各项强依赖产品方向的方案（如项目推广计划、技术系统架构方案等）提供支持。

（3）产品路线图。企业中的团队成员可以用图表清晰展示产品的目标、定位、功能等内容，制订产品的长期发展计划和短期发展计划，并在计划中标明实现各项关键目标的时间。

5.1.4 做好产品规划的复盘与总结

1. 回顾目标

一般来说，目标完成情况可分为超越完成、按要求完成和未完成。企业应从定性和定量两个角度，分析上一年的目标完成情况，找出自身的不足之处。

2. 分析数据

企业需要利用AARRR（用户生命周期中的五个重要环节）模型对各项历史产品数据展开漏斗分析，了解产品的浏览、注册、试用、使用和流失情况，掌握各个阶段的转化率数据，判断是否达成上一年制定的目标，若尚未达成目标，还需找出影响目标达成情况的原因。

3. 产品机会分析

（1）看客户。企业需要从客户入手，加强与共创客户、高活用户及流失用户的交流。通过客户调研和沟通等方式，深入了解客户，以便有针对性地优化产品的核心功能和黏性功能。

（2）看市场。企业需要了解近一年内的市场变化、社会环境变化、用户群体变化及新政策，分析未来经济发展趋势，找出影响产品走向的关键因素，同时也要衡量自身在细分市场中的领导力，判断当前是否具备进入下一个细分市场的条件以及赢得市场竞争的能力。

（3）看竞争。企业需要从战略、市场、产品等多个方面分析竞争对手的变化，找出产品与竞品在核心功能、黏性功能等方面的差异，明确自身在细分市场中的优势，分析和预测竞争对手的下一步操作。

（4）看自己。企业需要挖掘并充分利用优势资源，明确在近一年内取得的突破性成果，分析自身在细分市场中的发展情况，衡量人才培养目标的达成情况。

（5）看机会。企业需要在以上各方面进行分析，综合考虑当前掌握的关键资源，并围绕客户展开机会分析，利用SWOT分析法（评估组织的内部优势、劣势、外部机会和威胁的分析方法）进一步分析自身在市场竞争中的优势和劣势。

4. 产品年度规划

（1）定愿景。在制定产品规划前，企业需要明确产品愿景，以增强产品的生命力，帮助相关团队成员了解产品的长期目标，确定任务内容和执行方法，同时也要利用产品愿景激发团队成员的积极性，提高团队成员的参与度，支持成员之间互相协作，共同做好产品。

（2）定目标。在确定产品愿景和中长期目标后，企业还需根据SMART原则（制定目标的黄金法则）进一步将中长期目标分解成年度目标，提升目标的可执行性和可量化性，并为下一年的工作提供指导。

（3）定策略。在确定目标后，企业需要从客户、市场、竞争等方面入手，在充分考虑自身实际情况的基础上，根据目标制定产品规划落地策略，以实现各项目标。

（4）定产品路线图。企业需要规划产品线路图，确定功能推出时间和类型，明确需要解决的问题。

5. 年度实施计划

（1）实施计划。企业需要安排相关团队成员根据策略制订任务计划，在产品路线图作战计划中标明关键步骤、任务、责任人和时间，并加强与各个相关方之间的沟通交流，分析计划的可行性，确保各方可达成一致目标，并将计划及目标的落地情况纳入考核。

（2）需要的资源。在完成计划制订工作后，团队需要向领导汇报产品规划情况和执行落地情况，并根据实际需求申请资源支持，如资金、人员等。一般来说，若计划符合企业战略，且要求较高，那么相关领导会适当加大支持力度，增强团队在后续开展各项工作的信心，提高计划成功的概率。

（3）问题风险。相关团队需要找出产品规划中潜在的问题风险，明确问题阻碍，并与企业高层协商，力求在企业高层的支持下有效解决这些问题。

5.2 产品创新：驱动企业增长的核心动力

5.2.1 产品创新的类型与基本步骤

产品创新是企业为了跟随市场趋势，以市场需求为导向，通过技术升级、工艺革新、材料更换或设计理念创新等方式，对当前的产品或服务进行改造升级，或研发出与市场需求导向相适应的新产品。这种创新包含多个方面，如功能的完善、性能的提升、外观设计的创意、结构的独特、使用方式的便捷等。

1. 产品创新的类型

产品创新在企业活动中有着重要地位。其涵盖了旧产品优化革新、新产品创造、服务模式或生产流程升级的全过程。在这个过程中，通常会引入富有创意的想法、具有开创性的技术以及让人眼前一亮的功能或设计，从而提升产品的附加值，让产品相较于市场上的其他产品有较高的辨识度。

产品创新包括六种类型，具体见表5-1。

表 5-1　产品创新的类型

类　型	要　点
全新产品	此类产品开辟了全新的销售赛道，占新产品的 10%
新产品线	此类产品在市场上已经有了一定的销售基础，但是对于一些厂家而言已明显新于其旧有的产品，约有 20% 的新产品属于这一类别
已有产品品种的补充	此类产品往往是以已有产品为蓝本衍生出来的，对于市场而言有一定的新鲜度。这类产品在新产品类型中占比较高，约占新产品的 26%
由老产品改进的产品	此类产品并不能算作严格意义上的新产品，本质上是工厂老产品品种的升级版，相较于老产品能带来更好的使用体验，提供较多的非使用价值，此类新改进产品占新产品的 26%
重新定位的产品	即老产品的赛道更换，重新为老产品规划市场，绘制新的用户画像，将其应用于不同的领域，此类产品占新产品的 7%
降低成本的产品	此类产品完全复刻老产品，在性能、效用上与老产品保持一致，其创新点更多在于生产过程的调整，相较于老产品成本更低。此类产品占新产品的 11%

2. 产品创新的步骤

产品创新是指研发出一种全新的产品或对已有产品的某种功能进行创新，其涉及多方面的考量。产品创新的关键步骤和考虑因素具体见表5-2。

表 5-2　产品创新的关键步骤和考虑因素

关键步骤	考虑因素
市场研究	了解市场上现有产品的不足以及消费者的痛点，综合两方面因素确定新产品的核心功能和市场定位
概念设计	结合市场调查报告，制定产品营销策略和产品创新方案。聚焦于创新点和产品核心属性进行针对性创新，包括产品的功能设计、外形设计、生产工艺方案和特性塑造等
研发	在确定产品方案和具体的设计方案后，开始研发工作，包括技术调试、样品测试、模型机制作等
生产和推广	成功研发出产品后，开始规模化量产，同时采取一定的运营手段进行市场预热，提高产品的影响力，通过提高产品曝光积累客户

3. 产品创新的实现方式

在具体实践中，产品创新的实现方式见表5-3。

表 5-3 产品创新的实现方式

实现方式	要　点
利用新技术	借助人工智能、大数据分析等前沿技术，进一步为产品赋能，提高其附加值
采用设计思维	站在用户角度进行设计，打破旧有的逻辑框架，力求为用户带来全新的体验
进行敏捷开发	使用敏捷开发的方法，缩短产品的升级周期，推动产品的快速优化
整合多方资源	与外部合作伙伴建立联系，整合资源供给，进行产品创新，例如与供应商、科研院所、客户等展开合作
开展精细化定制	为不同用户群体提供个性化定制的产品和服务，提升产品和服务的颗粒度，针对不同层级的用户提供具有定制化、个性化的产品和服务

产品创新对企业的发展有着重要影响，它可以使企业具有更强的市场适应性和抗风险能力，不断创造新的价值；有利于企业优化产品结构，在竞争中建立比较优势。同时，产品创新可以推动企业内部的经验积累和知识沉淀，提高企业的市场敏锐度，保证企业发展的持续性。

5.2.2 需求分析：准确识别顾客需求

立足于企业发展的角度来分析，新产品开发是所有管理者都应该重视的问题。现实情况却是，包括消费品及服务项目在内的新产品开发，其成功率都比较低。导致产品开发失败的因素有很多，常见的因素包括三种：未准确定位消费者需求；难以提高投资回报率（企业获得的营业额不足以覆盖运营成本）；市场运作不力（没有把握恰当的时机）。

行业特征不同，其生产条件、产品项目也都存在明显的区别，对应的管理程序也不同。在新品开发管理方面，企业通常都要经历八个流程：提出新产品创意；创意评估与筛选；确定产品概念并进行测试；早期营销规划制定；商业分析；产品开发；市场试销；正式投放。

通常情况下，企业会在提出产品创意、创意筛选、确立产品概念时对顾客需求进行定位。那么，新产品创意的来源有哪些？具体如消费者的反馈信息，管理者、经销商、销售人员、广告公司等提出的意见，同行业竞争者的产品等。尤其不能忽视与消费者之间的互动及其提出的反馈信息。“现代营销学之父”菲利普·科特勒认为，消费者是协助产品设计的不二人选。

在这方面，企业界并不乏典型代表。比如，宝洁公司研制新产品时，会从企业外部获得50%以上的关键元素，公司的品牌负责人会到消费者家中进行实地调研，了解消费者在做家务时会遇到哪些问题。3M公司会从消费者对产品的抱怨中提取产品改进信息，通过这种方式完成的产品优化达到总体的66%以上。

现阶段，部分企业在进行产品创新时忽略了对市场需求的分析与把握，在产品研发过程中，很少进行市场调研，也未与消费者展开深度互动。最多是在产品开发完成后，进行象征性的市场测试，对产品稍作调整。采用这种模式推出的产品，在销售环节容易遇到重重阻力，给企业带来巨大损失。

要想促成产品的大规模销售，就要了解当前的时代背景与市场环境，根据消费者的需求进行产品设计与研发，如若不然，企业就无法从根本上解决产品滞销的问题。

以中国移动旗下的飞信为例，该产品与QQ产品存在许多共性，不乏发展潜力。但遗憾的是，飞信在开发时并未充分考虑市场需求，只是作为移动公司的附属品被投放到市场上。移动公司从自身角度出发进行产品设计，并推行了有偿使用制度，要求用户绑定移动手机号等。另外，该产品与移动公司的短信业务相冲突，且无法适用于移动之外的其他手机号，诸多因素阻碍了飞信的成功发展。

相比之下，腾讯QQ免费为消费者提供服务，体现出企业对消费者痛点的把握。因此，其在推出后迅速在大范围推广开来，并使腾讯成为互联网巨头之一。从这个角度来说，即便是同类产品，最终取得成功的必然是能够抓住市场需求的那一个。

新开发的产品在后期运营中会消耗大量成本。为保持正常运营，企业应该通过产品概念测试，筛选出可行性高、获利空间大的产品创意。完整的产品构思即为产品概念，是企业从初期的产品创意中提炼出来的，能够以图文、模型等方式来展现。

通过进行产品概念测试，企业能够通过座谈、问卷等途径，找到最优产品概念，对目标消费者的反馈信息进行调研，让他们从众多新产品中选出更符合自身偏好的产品，从而筛选出吸引力最强的产品，并对企业能够从产品经营中获取的利润进行科学推测。

5.2.3 深度沟通：痛点与卖点相统一

品牌发展离不开创新，只有持续推出新产品，才能满足目标消费者日益变化的需求。在市场环境越来越复杂的环境下，企业进行产品创新具有比较大的难度。即便能推出优秀的产品，企业也需要具备良好的营销策划能力，才能提高产品的市场接受度。从另一个维度来看，产品本身需要符合消费者的需求，才有可能实现大范围的市场开拓。为此，企业需要对目标消费者的痛点进行准确定位，清楚产品创新过程中应该注意的因素。

部分企业在进行产品创新的过程中，能够对市场需求进行把握，也能够据此突出自身产品独有的卖点，但其问题在于，企业开展品牌营销时，无法通过有效方式向消费者传达相关信息，或者诉求点过于模糊，使企业在产品销售环节遇到阻力。由此可见，在消费者越来越重视个性化需求的今天，即便是拥有好的产品，且能够把握需求痛点，企业也要采用恰当的营销方式。创新产品同样如此。

当惠普公司的硬盘产品年销售额低于5亿元时，其竞争对手国际商用公司的硬盘产品年销售额达40亿元，这使惠普的发展面临巨大的市场竞争压力。为了提高自身的竞争力，惠普开始进行颠覆性创新，推出一款针对手提电脑的微型硬盘产品。但该产品的营销状况与预期相差甚远。惠普的产品创新之所以失败，可归结为三个原因：产品定位模糊，未抓住用户的需求痛点，推出的新产品不符合用户的需求；产品主打“防震防摔”的卖点，难以获得消费者的青睐；缺乏与消费者的深度沟通，价格定位不合理，进一步降低了消费者对产品的认可度。

所以，在进行产品创新时，企业应该注重与潜在用户之间的深度沟通，将消费者痛点、产品卖点统一起来，从而提高消费者对产品的认可度，为企业的产品营销开辟道路，促进其产品销售，达到最终的营销目的，间接提高资源利用率。

综上所述，要想满足消费者的个性化需求，企业在进行产品创新的过程中，需要突破传统思维的限制，开阔眼界，根据市场需求进行产品设计与开发，将消费者需求痛点、产品卖点及企业与消费者之间的沟通点结合起来，抓住恰当时机进行产品投放，快速进行市场开拓，从各个方面提高产品创新成功的概率，进而提高企业品牌的知名度与影响力。

5.2.4 把握趋势：精准洞察市场机会

如今，很多企业进行创新的过程中，无法把握切入市场的良好时机，导致产品得不到目标消费者的认可，影响到最终的创新结果。

以诺基亚手机为例，在2G手机时代，诺基亚将摩托罗拉远远甩在身后，跻身世界先导手机品牌之列。然而，当3G智能机时代到来时，诺基亚并未迅速跟上时代发展的步伐，在三星、HTC、苹果等纷纷在智能手机领域展开布局、推出安卓系统及IOS系统时，诺基亚仍然使用塞班系统，在新时代面前故步自封，最终被竞争对手赶超。

事实上，诺基亚在硬件方面具备足够的优势，在调整战略之后能够重新夺回市场地位。然而，诺基亚固守传统思维，未及时在智能手机领域展开布局，从而贻误了进入该市场的最佳时机。

由此可见，新产品的运营应该抓住最佳时机切入市场，否则，即便企业拥有成功的产品，也可能因为市场运作不力与良好机遇擦肩而过。新产品创意、产品测试结果，会对企业的产品投资产生影响。此外，新产品开发的众多环节，诸如商业分析、营销战略运用等，都会作用于企业的投资决策。

筛选出最优产品概念之后，企业接下来要制定初期的营销规划，为向市场投放产品做准备，并进行商业分析。在这个过程中，要利用大数据分析技术，对市场基本情况、产品销量、企业营销收入、利润获得等数据进行收集。

在商业分析环节，更要依据前期数据推测总体利润。企业在产品开发环节要消耗大量资金成本，如果这个环节能够顺利运转，就能将产品概念转化成具备商业性、技术可行性的产品。在这个过程中，企业需要协调好相关利益者之间的关系，在提升消费者体验的同时降低成本消耗。这个过程涉及许多数据推算，导致新产品开发结果受到诸多因素的影响。

为了提前了解新产品的市场接受度，企业会在将新产品正式推向市场前进行试销，由此制定后期的产品运营战略。试销环节需要投入大量成本且需要一定的周期，但相较于正式开展新产品的市场运营，这个环节仍然十分必要。通过试销，能够检验出新产品是否具备足够的销售潜力。如果具备，则可进行后续的市场导入；如果不具备，则应终止大规模投放，避免给公司带来巨大损失。

在进行试销时，企业会面临以下问题：一方面，测试市场无法保证最终结果的精确性，因为消费者的心理并非一成不变，要充分把握其消费行为并不容易，与此同时，竞争对手也会对测试市场进行干扰，从而增加了企业通过试销方式获知市场正常反应的复杂程度；另一方面，新品试销对企业的资金实力提出了较高的要求，且试销需要较长的时间；此外，测试市场意味着企业新品的相关信息可能被竞争对手获取。

虽然企业需要承担一定的风险，但在向市场正式投放新产品之前，试销能够为企业后续的运营提供有效的参考，帮助企业获知营销组合变量对市场开拓的影响，从而提高产品开发成功的概率。因此，市场测试仍然是企业不能忽视的重要一环。

5.2.5 超级单品：打造企业战略级产品

超级单品不是所谓的“爆品”，而是企业根据战略有计划地打造的产品。对于企业来说，这个产品具有特殊意义，凝聚着企业的希望，是企业实现可持续发展的驱动力。

1. 超级单品的核心特征

既然对于企业来说超级单品如此重要，那么究竟什么是超级单品呢？具体来说，超级单品具有四大特征，如图5-2所示。

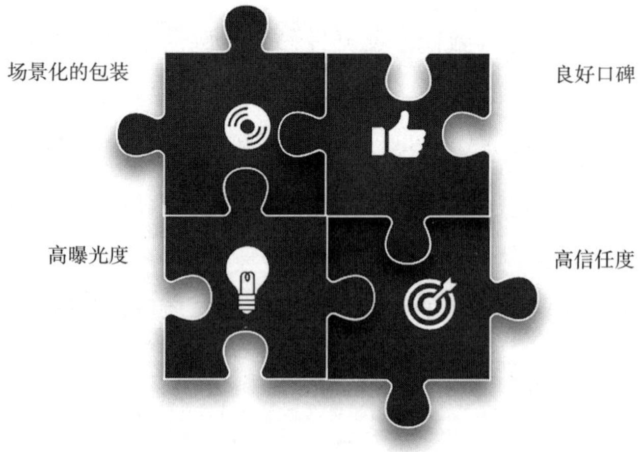

图 5-2 超级单品的核心特征

（1）场景化的包装。场景化包装包含两部分内容，一部分是外包装，一部分是内包装。外包装是能实实在在看到的东西，包括包装材料、包装样式、包装颜色等，这些内容都可以形成差异化竞争优势。内包装指的是产品蕴含的理念、企业文化等，是产品的内在气质。一个好的包装体现在两个方面，一是场景的关联度，一是场景的想象力。最理想的包装能让消费者一看到就能想象出它的使用场景与消费场景。

（2）高曝光度。曝光度指的是传播效果。具体来说，品牌要如何介绍自己，如何传播。在“酒香也怕巷子深”的年代，超级品牌要想提升自己的知名度与影响力，就要选择合适的传播媒介与组合，增加自己的曝光度。

（3）良好口碑。口碑指的是品牌是否有故事，具体来说就是品牌的来历与发展史。如果一个品牌没有故事，即便其包装再好，曝光度再高，也无法获得消费者的信任。

（4）高信任度。信任度指的是品牌是否满足了消费者的需求，是否取得了他们的信任。一个品牌的产品再好，如果无法获得消费者信任，就难以完成商业转化。

2. 如何打造超级单品

产品和人一样都有生命周期。从产品构思到将产品构思描绘出来形成产品蓝图，再到完成产品确定，确定的内容包括产品形态、产品包装、产品规格、产品概念、产品卖点等，最后将产品生产出来，这个过程就是产品的开发期。之后，将产品推向市场，接受市场的检验，进入成长期。

当一个产品开始参与市场竞争，成长为一个有竞争力的产品时，这个产品就进入了成熟期。随着时间推移，当这个产品不能满足消费者需求时，这个产品就进入了衰退期，就会慢慢被市场淘汰、退出市场，这个产品的生命周期就会到此结束。

正是因为产品有生命周期，所以企业要不断地发现新的超级单品，以实现持续发展。由产品生命周期的相关理论可知，只有在成长期，产品才有可能成为超级单品。那么，具体来看，超级单品是如何成长起来的呢？

超级单品的打造要经过七个步骤，如图5-3所示。

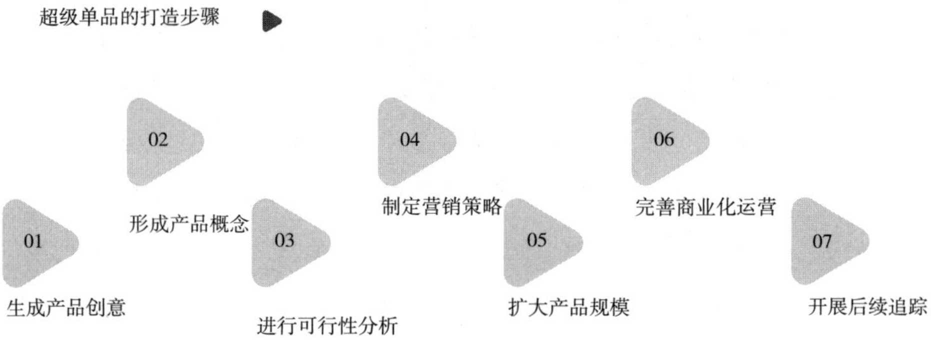

图 5-3　超级单品的打造步骤

（1）生成产品创意。生成产品创意是产品开发的第一步。要想打造一个超级单品，企业首先要有想法，通过对市场、行业的了解进行创意，挖掘思路，并对产品创意进行梳理，打造一个产品雏形。然后，企业要对产品形状、产品包装等内容进行设计，筛选设计方案，找到一个最有特点的方案。如此一来，产品的基本内容就形成了。

（2）形成产品概念。一个成功的产品包含了虚、实两部分内容。所以，仅有产品创意远远不够。在生成产品创意阶段，企业只完成了实的部分，而一个产品要想具备差异化竞争优势，还要将虚的部分做好。具体来讲，虚的部分指的就是产品的概念、广告语、消费承诺等内容。只有将虚与实拼凑在一起，产品才能具备初步竞争力。

通俗来讲，产品的概念就是产品卖的是什么。要想让产品获得不错的销量与销售额，产品不仅要满足消费者对产品质量、审美情趣等方面的需求，还要让消费者在消费过程中产生愉悦感，获得精神上的满足。

（3）进行可行性分析。产品生产出来之后能否成为超级单品，就要对市场进行可行性分析。一般来说，可行性分析的主要内容包括营销策略能否在市场上大获成功、如何构建渠道进行市场推广、如何制作广告、如何确定商品价格、这些是否与经销商与消费者的利益完全契合等。如果分析结论是契合，产品就可以向市场推进，全面进入市场。

（4）制定营销策略。凭借既定的营销策略，产品进入发展阶段，在这个过程中也会经历一些波折与磨难。那么，什么是适合的营销策略呢？具体来看，营销策略或许是滚动式发展，积累经验；又或许是区域市场先行，稳步发展。但不管采取何种措施，一般来说，新上市的产品并不是超级单品，只有当这种产品成为行业或品类的领导者之后才有可能成为超级单品。

（5）扩大产品规模。扩大规模有利于推动产品成为企业最能盈利、市场发展最快的产品。这里说的扩大规模，指的是生产的扩大与市场区域的扩大。因为市场具有竞争性，所以在投入不断增加、产品规模不断扩大的过程中，超级单品就已经在市场上占据了主导地位，成了品牌的化身。在这种情况下，受超级单品带动作用的影响，企业的其他产品也能受益。

（6）完善商业化运营。在产品的营销模式与客户群体都非常成熟的情况下，市场推广与销售体系将愈发完善，超级单品打造应有的所有条件都已具备，为企业带来的利润将持续增长，为消费者带来的产品或服务也将持续更新，这使竞争对手倍感压力，当然也会为竞争对手提供一些经验。总之，在这个时期，超级单品已成为整个商业世界争相模仿的对象。

（7）开展后续追踪。后续追踪是超级单品打造工作的最后一环。这个环节的主要内容是对客户进行回访，为其提供周到的售后服务，在整个过程中发现不足，为产品增添新的服务或功能，以此来提升产品的知名度，获得更好的声誉，并尽量保持更长时间。

5.3 品类创新：实现从产品到品牌的进阶

5.3.1 品类规划：挖掘消费者需求

当一个新品牌决定进军某一行业市场时，最佳的做法是精准定位产品品类，让消费者十分明确地了解到“你在做什么”“你擅长什么”“优势在哪里”。然而，国内多数企业甚至是一些知名品牌在进行品类创新时，都不能深刻把握这一点，没有清晰明确地向消费者传达新品类的内容、定位与价值，导致消费者根本不明白新品类是什么，自然也就很难赢得市场的认可和青睐。

国际市场调研机构尼尔森对品类的定义是：“品类就是确定哪些产品能组成小组或类别，这些产品都与消费者的感知有关，应从消费者需求驱动和购买行为方面进行理解。”在这里需要注意一点，产品分类要根据消费者需求进行，不能只依据商品属性。所以，对于企业或品牌来说，如果找到一个空白市场进行新产品研发，发现消费者对某类产品的潜在需求，创建新品类，或以现有的产品类别为基础对品类进行划分，就能让产品不断地推陈出新，永葆活力，使品类的生命周期有效延长。

从定义上看，品类的概念要大于产品概念，也就是说，新品类一定是新产品，但新产品并不必然是新品类。同时，消费者认知也是新产品能否成为新品类的重要影响因素。如果消费者认为新产品不能归属于任何已有的品类范畴，则这个新产品就可自成品类。从品类竞争的角度来说，新品类应该能够广泛取代老品类，或者与现有品类处于平等地位并对后者形成有力竞争。

品类规划源于对消费者需求的认识，根据对消费者需求的研究对品类进行划分，找到消费者的需求痛点，以寻求突破。从这个方面来看，品类规划就是挖掘消费者需求，对消费者需求进行细分。

在进入中国市场之初，宝洁公司针对中国消费者对洗发水的需求进行了调查研究。其发现，在中国，85%以上的女性每周至少要洗两次头发，使用的洗发水多是国产洗发水，只有部分消费者会使用进口洗发水，并且中国市场上的洗发水价格普遍较低。在需求方面，中国女性消费者希望通过洗发去除头屑、让头发保持柔顺、改变发质、滋养头发、让头发浓黑等。

根据消费者的上述需求，宝洁公司将洗发水分成了三大类：一是去屑类产品，以海飞丝为代表；二是柔顺类产品，以飘柔为代表；三是营养类产品，以潘婷为代表。在洗发水这个大产品类别下，以目标消费群体的消费需求为依据，对每个小品类产品都构建了品类管理架构，从而很快占据了市场主导地位。

围绕消费者开展的品类管理，首先要创建消费者需求库；然后对库中的消费者需求进行分级、分层，获取显性需求；之后再对需求进行定量分析，找到重要但尚未满足的需求；最后将这些需求与显性需求拟合，从而完成品类开发。

在很早之前，乔氏食品公司就围绕消费者进行了品类开发与管理。首先，乔氏食品公司对谷类食品进行了分类，将其分成四个子品类，分别是即食型食品、混入干果的食品、天然食品、燕麦与玉米粗粉制成的食品。然后，根据这四个子品类，乔氏食品公司明确了消费者制定购买决策的基本步骤，将消费者购买此类产品的原因和过程充分反映了出来。

研究发现，消费者做出的第一个购买决策就是“想购买谷类食品”，然后决定购买的谷类食品的类型，最后决定购买的谷类食品的品牌、大小、口味。在这里，乔氏食品公司发现，消费者对谷类食品品牌、大小、口味的选择深受消费者收入、年龄、家庭结构等因素的影响，这一发现意义重大。在此之前，乔氏食品公司都是根据谷类品牌对产品品类进行划分，但在明确了消费者制定购买决策的流程之后，开始根据谷类食品的类型划分产品品类。

之后，乔氏食品公司根据消费者需求对产品进行了聚类分组，发现消费水平较低的群体偏爱燕麦及玉米粗粉类产品；消费水平较高的群体偏爱混入了干果的天然谷物类产品。于是，以每组消费者的特征及购买行为为依据，乔氏食品公司开始对不同子品类的产品进行推广，从过去一种产品的推广变成了三种产品的推广，促使销售额大幅增长。最重要的是，通过这种调整，目标消费者对谷类产品的需求得到了充分满足，对品牌的喜爱度与忠诚度有了大幅提升。

5.3.2 品类定位：奠定品牌认知的基石

在制定战略规划时，企业要将品类定位作为关键的一环，明确自身的产品类型，以及生产出来的产品能够为消费者提供何种价值，并据此开展企业的后续运营。

品类定位受多种因素影响，比如品类名称、向消费者提供的价值、企业树立的品牌形象等。品类定位与品牌定位之间存在共性，但两者的描述方法存在明显区别。品类定位是品牌价值的集中反映，企业在进行品类定位描述时，要采用具体而形象的语言，将企业产品具备的价值清晰地展现给消费者，并在竞争过程中体现企业的独特优势。举例来说，“怕上火喝王老吉”是老字号凉茶王老吉的品类描述，明确阐明了该产品的功效。

1. 品类定位引导品牌发展

当越来越多的同类企业在市场涌现，不同品牌之间会逐步展开激烈的竞争。缺乏实力基础的新品牌要进行市场开拓，无疑面临更大的挑战。这是由于以家电、食品、药品为代表的主流行业聚集了众多企业，经过长时间的运营，这些领域已经呈现出成熟的市场格局，不容易受到新品牌的影响。相比于新品牌，消费者也更倾向于选择发展时间较长的传统品牌。

对企业而言，挖掘品类需求能够有效带动品牌的发展，提高企业的整体运营效率。因此，企业在发展过程中，应该打造新品类，通过新品类的运营为企业品牌的发展提供驱动力。以六个核桃为例，其产品定位于补脑饮料，“经常用脑，多喝六个核桃”成为广为人知的广告语，该品牌也得到大批消费者的认可。

商业领域中，不乏通过开创新品类推动品牌发展的例子。因此，面对激烈的市场竞争，企业要想在短时间内提高品牌影响力，给消费者留下深刻的印象，不妨尝试开发新品类。

2. 提炼新品类定位的核心原则

要进行品类定位，第一步要做的是制定相应的战略，而要制定战略，就要对消费者需求、市场发展方向进行把握。为此，企业仍然要回归到概念层面，在发掘市场需求的基础上，对新品类的概念进行定位。

品类概念应该通俗易懂、具体细致，具备上述特点的品类概念更容易被消费者接受，进而打动消费者。而且，品类概念不仅能够通过词语本身来吸引消费者的目光，还应该集中体现产品功能与消费者需求之间的契合，在价值表达的基础上再用适当的语言加以修饰。此外，对品类概念进行调整，融入更多创意，也可以体现产品亮点，利用消费者对传统品类的认知来提高新品类的市场接受度，降低企业在概念推广方面的成本消耗。

5.3.3 品类运营：品类创建的四个要素

在开发及运营新品类的过程中，企业既要注重品类创新，又不能忽视先进技术的应用及自身创意的发挥，与此同时，企业还要向消费者提供质量可靠的产品，以优质的产品、良好的品类定位来打造具有竞争优势的差异化品牌。而具体到品类的创建，则需要把握四个要素，如图5-4所示。

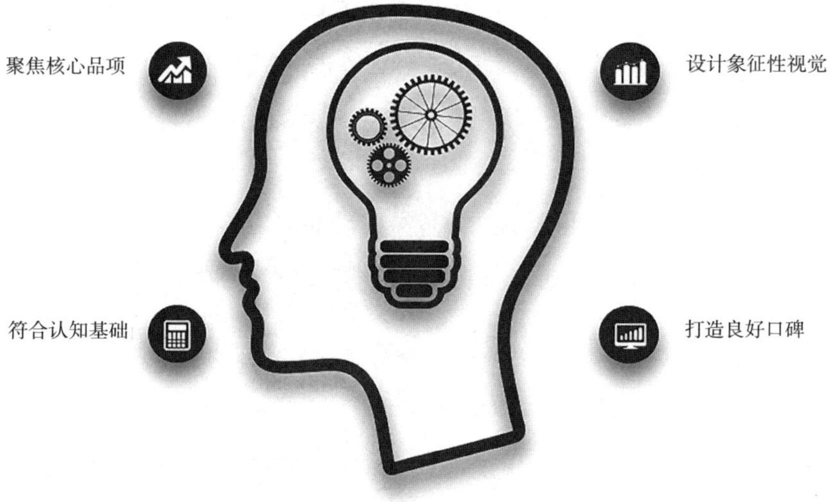

图5-4 品类创建的四个要素

1. 聚焦核心品项

通常情况下，企业在发展到一定阶段后才会进行品类创新，其创新途径有两种：一种是发现新的品类方向后，建立相应的产品线来推出新品类；另一种是通过打造单品进行品类创新。在品类创新的开始阶段，要集中精力发展核心品项，突出其优势特征，使其占据消费者的心智。

另外，如果企业选择通过单一品项打造新品类，就应注重品类命名，并建立相对应的新品牌。要知道，品类命名与品牌命名之间存在很大差别，品类名称要简洁易懂，方便传播；品牌名称则要说明品类特征，还要突出企业特色，具有象征意义。

相比之下，品类名称偏于理性，品牌名称更能体现企业的匠心。在通过单品进行品类开创的过程中，对品类与品牌进行命名，可以将新品牌与企业的主体品牌有效区分开来，既能巩固企业的地位，又能为其发展注入新的活力。企业在推出新品牌或挽救面临危机时，也要集中发展核心品项。

2. 符合认知基础

消费者在长期消费过程中会逐渐形成自己的观点，因此，要突出品类的功能优势，就要对消费者的需求进行把握，并了解他们的认知情况，使产品的推广信息与消费者已有的价值观相符，而不能违背其认知。

以凉茶品牌王老吉为例，该品牌之所以能够走俏市场，最重要的是其对凉茶“消火”的特性进行了准确定位。由此可见，品类的功能优势并不需要多么复杂。除王老吉之外，特劳特还曾服务于九龙斋，在给酸梅汤进行定位时，他们聚焦于“去油解腻”这个功能，但这种定位方式并不符合消费者已有的价值观。虽然市场上对此类商品存在较大的需求，但根据消费者的传统认知，酸梅汤的主要功能是“消暑开胃”，相比之下，普洱茶似乎更符合“去油解腻”的特性。

3. 设计象征性视觉

对品类象征性视觉的呈现，能够进一步突出品类的差异化优势，有利于获得消费者的认可，并帮助企业品牌在激烈的市场竞争中取胜，在消费者心智中占据主导地位。具体而言，产品外观、色彩搭配、包装、品牌符号等都是象征性视觉的组成部分。

消费者能够从产品中获得的益处取决于产品本身的质量，独具特色的外观则能够提高其吸引力，有利于品类的市场开拓。品牌符号与色彩应用同样能够对品类发展产生影响，恰当的应用能够体现企业的差异化优势，避免企业陷入同质化竞争的困境。企业要充分认识到象征性视觉的重要价值，在其发展过程中注重品类的视觉设计。

4. 打造良好口碑

很多企业在进行品类开创的过程中都会进入这样的误区：通过广告方式树立品牌形象，传播自身的文化理念。比如，百威啤酒热销于世界各国，有分析者将其成就归结于品牌与美国文化之间的联系。但企业需要认清的一点是：相比于企业本身，忠诚用户在品牌传播过程中发挥着更大的作用。企业要想提高品牌的影响力，首先要使消费者认可自己的品牌。

在进行品类创新时，企业可以采取老客户新品试用等方式进行品类口碑打造，逐步形成良好的口碑效应，提高消费者对新品类的认可度，在此基础上，再利用广告扩大传播效应。

5.3.4 品类管理：让产品实现长效经营

如果一个产品的技术成熟度、产品功能都呈现出了同质化特点，企业或品牌要想在市场中成功突围，就可以创造一个新的产品类别。新品类的创建可以从产品着手，也可以从概念着手。

品类创新要以市场细分与目标市场策略为基础，先对主流竞争品类进行识别，再通过主流竞争品类寻找空白市场，完成新品类的创建，获取差异化的竞争优势。在研发新产品的过程中，企业可以通过技术创新、卖点提炼、包装更换来创建新的产品品类。同时，在创造新品类之前，企业还要对自己引导消费者需求的能力进行评估，以保证品类诞生后能有效获取市场。

如今，大部分企业都会不断地推陈出新。但在很多时候，新产品开发没有计划，比较盲目，使得新产品大量堆积，导致消费者对这些产品知之甚少。一般情况下，新产品从构思到研发生产需要一段时间，所以，很多国际知名企业为了做好营销策略及步骤的部署，往往会提前对消费者及市场发展趋势进行研究。企业不仅要做好品类创新，还要以消费者需求为依据，围绕新产品构建长期的品类管理与规划。

品类管理需重点关注，如何借用不同的阶段性策略主导产品，推动产品不断地迭代更新，推动整条产品线有序发展。在推广方面，新产品必须有计划、有步骤地进行推广，切忌盲目、没有重点，同时推出多款产品，否则不仅会导致资源投入过大，还会使产品或组合无法享有充足的资源，使产品推广效果深受影响，资源被严重浪费。

一般情况下，企业在某个时期只需重点推广一个产品即可，通过重点投放某些核心资源使重点产品的市场表现得以改善，然后再通过推广某一重点产品改善核心品类的销售情况。做好上述工作，边缘品类可实现更好发展，跟随品类的销售业绩也能有效提升。

总而言之，在研发产品时，企业不仅要想方设法应对市场竞争，在众多同质化的产品中脱颖而出，实现品类创新。同时，企业还要做好长远的品类规划，将短期品类规划与长期品类规划相结合，以便全面突破产品线，获得持续的竞争优势。

5.4 颠覆性创新：驱动企业增长的撒手锏

5.4.1 颠覆性创新：重塑市场格局

颠覆性创新理论是商业管理教授克莱顿·克里斯坦森提出的一项创新

理论，也是分析创新驱动增长的重要工具。但部分不了解颠覆性创新理论的人也会应用这一理论来支持其自身的各项观点，导致这一理论存在许多被曲解和误用的情况。

1. 颠覆性创新的基本内涵

一般来说，不同类型的创新通常需要采用不同的策略，因此颠覆性创新不能等同于改变行业竞争格局的突破，也就是说，颠覆性创新理论并不适用于处于动荡市场中的所有公司。

颠覆可以看作中小企业成功挑战在位企业的过程。具体来说，在位企业主要针对高要求顾客来优化升级产品和服务，为了获取更高的利润，通常对这部分细分需求的重视程度较高，但同时也容易忽视其他细分需求。

实现颠覆性创新的新进企业则针对这些被忽视的细分需求进行产品开发和产品升级，以较低的价格满足客户的细分需求，从而在激烈的市场竞争中占据一席之地。同时，也可以向在位企业的主流客户提供产品和服务，在由低端市场向高端市场发展的同时充分发挥自身优势，吸引更多主流客户，并不断提高自身在主流客户群体中的认可度，进而实现颠覆。

2. 颠覆性创新的分析原则

颠覆性创新大多出现在低端市场或新市场当中。一方面，在位企业大多聚焦于盈利最多的市场，低端市场往往被其忽视，因此新进企业可以以此为切入点，向要求较低的客户提供产品和服务，获取发展机会；另一方面，新进企业通过颠覆性创新创造出了新市场，可以在新市场中快速发展。

部分企业已经在主流市场中得到了良好的发展，后续转入被许多企业忽视的细分市场当中，抢夺这些市场中的客户，这类企业具有一定的颠覆性，但并不符合颠覆性创新理论，也不属于颠覆性创新企业，如优步等企业。

一般来说，颠覆性创新企业并不会在质量尚未达到主流顾客标准时进入主流市场，也不会在此时瞄准主流客户。

（1）持续性创新与颠覆性创新。持续性创新与颠覆性创新的对比见表5-4。

表 5-4　持续性创新与颠覆性创新的对比

类　型	要　点
持续性创新	持续性创新可能是渐进性的，也可能是重大突破，但都需要根据在位企业当前客户需求对产品进行优化升级，并借此促进高利润产品的销量快速增长，如剃须刀更新换代、电视画质升级等
颠覆性创新	新进企业可以开发和优化新产品、新服务，并控制价格，借助高品质、低价格的产品或服务吸引在位企业的客户，从而实现颠覆，拉低市场价格

在颠覆性创新初期，产品或服务的品质及价格相对较低。一般来说，技术和产品本身并不具备持续性和颠覆性，颠覆性创新理论也没有规定企业管理者必须执行某项任务，只为企业在推进持续创新工作过程中做出正确的选择提供支持。

对在位企业来说，除需要重视主要竞争对手外，还不能忽视从行业边缘进入市场的小竞争者，防止其通过颠覆性创新抢占客户和市场。

（2）颠覆性创新的理解误区。对于颠覆性创新的理解容易存在三个误区，具体见表5-5。

表 5-5　颠覆性创新的理解误区

误　区	内　容
误区一：颠覆性创新聚焦于产品	颠覆是一个从边缘市场向主流市场过渡的过程，实施颠覆性创新的企业大多在积极探索适合自己的商业模式，而不仅仅是创新产品。实现颠覆性创新的企业会从边缘市场逐步攻占主流客户，抢占在位企业的市场份额，获取更多利润
误区二：颠覆性创新意味着成功	颠覆性创新理论并不包含成功这一因素，因此，实施颠覆性创新的企业也可能会面临失败。对新进企业来说，若要提高成功率，就必须遵循颠覆性创新理论，抢占发展先机，避免与在位企业进行直接竞争
误区三：企业只有进行颠覆性创新和不进行颠覆性创新两条路径	颠覆性创新并非非此即彼的选择，对在位企业来说，在出现实施颠覆性创新的企业时，无须过度紧张，可以通过投资持续性创新进一步加强与核心客户之间的联系，也可以建立专门用于开发颠覆性创新过程中出现的增长机会的新部门，并积极开展各项新业务

5.4.2 基于市场维度的颠覆性创意

颠覆性创新是一种创造新产品品类、颠覆现有市场格局的创新，难度及成本相对较高，对创新能力及资源提出了更高的挑战。颠覆性创新并非激进式创新，在企业经营实践中，激进式创新虽然在技术层面上取得重大突破，有效提高了产品或服务的性能、用户体验，但它不一定可以创造新的产品品类，更不用说颠覆现有的市场格局。

英特尔公司首次推出新型微处理器时，该产品在技术层面上确实明显领先于竞争对手，但其没有颠覆市场格局，并不属于颠覆性创新。在计算机领域，微型及个人电脑虽然没有在技术上取得重大突破（事实上，大型机的技术更为复杂、先进），但二者是不同于大型机的新品类，并且逐渐取代了大型机的主流市场地位，微软、苹果、惠普、戴尔、联想等企业也因此大获成功。

激进式创新在引发话题讨论方面确实具有领先优势，是媒体关注的重点内容，但对于企业参与市场竞争而言，颠覆性创新对其长期发展明显具有更高的价值。联合利华曾经发布的统计数据显示，颠覆性创新为其创造的利润在企业总利润中占比高达70%。

激进式创新需要在技术层面取得重大突破，然而这并非一件简单的事情。颠覆性创新虽然难度与成本也相对较高，但它有一定的规律可循，主要是基于对市场和用户的深刻洞察而展开。进行颠覆性创新自然需要颠覆性创意，从诸多实践案例来看，想要获得颠覆性创意，必须对市场及产品进行深入分析。

从市场层面来看，可以从两个方面挖掘颠覆性创意：

- 市场中是否存在潜在用户群体，也就是说，是否因为市场中的现有产品太过复杂，限制了其用户群体的增长。
- 产品是否过度满足用户需要，也就是说，对部分用户而言，现有产品的性能、材质、包装等过剩，导致用户更倾向于选择使用简单方便、更具性价比的产品。

结合这两类用户群体，企业可以开展一系列的颠覆性创新。比如，面向潜在用户群体时，通过开发简单易用的同品类产品，就能完成颠覆性创新。

以20世纪80年代后期的股票交易及投资领域为例，股票交易及投资对信息丰富度、时效性要求极高，而且交易操作复杂，在当时互联网未能实现大规模推广普及的状况下，股票交易及投资被摩根大通等大型金融机构所垄断，它们收取的较高服务费用，使相当多的普通用户被拒之门外。而随着互联网的快速发展，嘉信理财、易利达市场有限公司等建立了线上交易平台，操作简单、成本极低，普通用户在没有专业人员的指导下也能进行股票交易及投资，从而激活了海量的普通用户，实现了颠覆性创新。

2000年，宝洁公司推出的佳洁士洁白牙贴也是这般道理。在此之前，人们想要增白牙齿，只能选择专业的牙医，费用较高，而且增白过程较为痛苦，导致牙齿增白市场空间极为有限。而宝洁开发的佳洁士增白牙贴十分便捷，而且价格较低，用户在家里就能自主完成，从而快速赢得了广大民众的青睐。

面向被过度满足的用户群体，通过开发高性价比、使用简单方便的版本，就能完成颠覆性创新。

以通信设备市场为例，在相当长的一段时间里，思科的垄断地位无可撼动，其产品虽然功能完善、运行稳定，但售价及维护成本较高，使用流程烦琐，很多中小型企业并不适合使用这种高档的产品。而华为认识到这部分企业的需求后，开发出了高性价比的中低端产品，迅速打开市场。之后，又逐步向高端市场扩散，通过规模效应降低开发及维护成本，让利于广大用户，最终完成了对思科的赶超。

市场分析是企业获取颠覆性创意的主流途径，当然，这种分析不是坐在办公室里主观臆测，而需要前往一线市场和用户及潜在用户进行面对面的沟通交流。事实上，用户在实际生活中使用产品的场景，和研发人员在实验室中对产品进行一系列测试的场景存在巨大差异。想要赢得用户的认可与信任，必须充分了解这种差异，并做出有针对性的调整。

5.4.3 基于产品维度的颠覆性创意

基于产品维度，可以从两个方面寻找颠覆性创意，如图5-5所示。

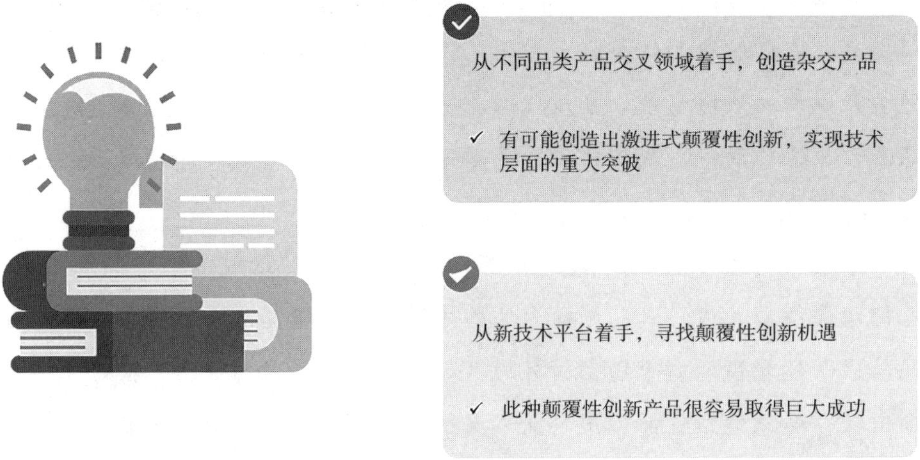

图 5-5 基于产品维度的颠覆性创意

一方面，是从不同品类产品交叉领域着手，创造杂交产品。比如，硬件品牌商在个人电脑和智能手机的交叉领域创造出了新品类——平板电脑。

当两种产品品类跨度较大时，如果从一个领域开展颠覆性创新，甚至有可能创造出激进式颠覆性创新，不但开辟了新品类市场，还实现了技术层面的重大突破，这种产品自然很容易取得成功。

某企业让医生和导弹工程师合作，基于导弹制导的光纤技术开发出了微型摄影器，其外观和药片一般，植入病人身体后，可以为医生提供实时影像数据。另一家企业则通过风洞工程师和医生合作，基于飞机涡轮发动机技术开发出了吸药器，其外观如同信用卡一般，可以帮助病人不必通过传统注射手段也能吸收药物。

另一方面，是从新技术平台着手，比如蓬勃发展的云计算、大数据等新技术平台，为企业提供广阔的颠覆性创新机遇。智能手机就是一种典型的移动平台，由于它在中国市场中实现了大规模推广普及，企业开发出来的颠覆性创新产品很容易取得巨大成功。

最初，智能手机的相机不但像素较低，而且抗震动等性能较差，拍摄出来的照片质量和主流数码相机存在巨大差距。然而，因为它内置于智能手机中，可以随时随地使用，市场需求十分旺盛。在手机厂商等企业的积极努力下，如今智能手机中的相机性能得到大幅提升，拍摄出来的照片已经可以满足大部分场景需要，而且可以使用工具对照片进行简单的编辑。

从用户群体角度看，中高端产品虽然性能优越，但大部分人的购买力相对有限，高性价比产品更容易得到大众认可，更容易借助口碑传播实现大规模推广普及。所以，开发面向低端市场的新产品品类在颠覆性创新中尤为常见。

5.4.4 星巴克如何实现颠覆性创新

一般来说，在位企业的发展水平高于新进企业，但新进企业可以通过颠覆性创新找到新的发展道路，并逐步进入主流市场，抢占在位企业的市场份额。

资源是影响企业战略变化的一项重要因素，在位企业大多重点关注现有客户的需求和偏好，尤其是可以为企业带来生存和发展所需资源的客户，企业中也会对应形成相应的制度，而这就会导致企业相关管理人员难以在投资颠覆性创新时灵活调用各项资源，技术改进速度趋缓。不仅如此，企业还可能因此忽略颠覆性创新带来的威胁，进而难以在市场竞争中赢得胜利。

下面对星巴克的颠覆性创新策略进行简单分析。

从发展历程上来看，1971年，杰瑞·鲍德温、戈登·鲍克和杰夫·西格在西雅图创立星巴克咖啡公司；1982年，霍华德·舒尔茨开始担任星巴克的零售业务和市场营销总监；1987年，霍华德·舒尔茨收购星巴克；2008年，霍华德·舒尔茨担任星巴克董事会主席兼首席执行官，并将星巴克的专卖店发展到16680家。在随后的几年中，星巴克快速发展，专卖店和特许经营店的数量也不断增加。

邓肯成立于1950年，主营甜甜圈和咖啡，是星巴克的竞争对手之一。在近20年的时间里，星巴克通过颠覆性创新开拓边缘市场，并快速向主流市场发展，抢占邓肯的市场和客户，实现了收入的大幅增长，获得了大量利润。

星巴克的成功不仅依赖于高质量、多样化的产品，还与其在服务方面的创新密切相关。具体来说，星巴克的店铺中采用了可移动的桌椅，可以根据客户人数灵活调整桌椅摆放方式。与此同时，星巴克大多选择当代风格的家具，在店铺中营造现代、温馨的氛围，为客户提供舒适的消费体验。与邓肯相比，星巴克不仅关注咖啡这一产品，还将咖啡消费打造成一种生活方式，将店铺打造成除工作和家庭外的第三个生活场所，让客户可以在消费咖啡的同时放松心情，体验现代化生活，甚至交友。

星巴克通过颠覆性创新增加了收入，提高了行业地位，同时其继续寻求创新，不断创造价值，比如通过“我的星巴克创意”来采集各项有价值的信息，了解现有客户及其他人员在生产、产品、体验等方面的看法和建议，并对这些信息进行分析、评估和统计，以便据此不断优化生产经营方式。星巴克通过这一活动向广大消费者展示了对客户的尊重，通过满足其需求的方式进一步提高了客户的忠诚度，同时也通过创新吸引了更多潜在客户，开辟了新的市场。

总而言之，星巴克在实施颠覆性创新的过程中，深入分析经济发展情况，积极把握市场机遇，并充分发挥技术和网络等方面的优势，提高客户忠诚度，开拓新市场，从而既满足了原有客户的需求，也挖掘并满足了潜在客户的需求。

第6章

流程创新

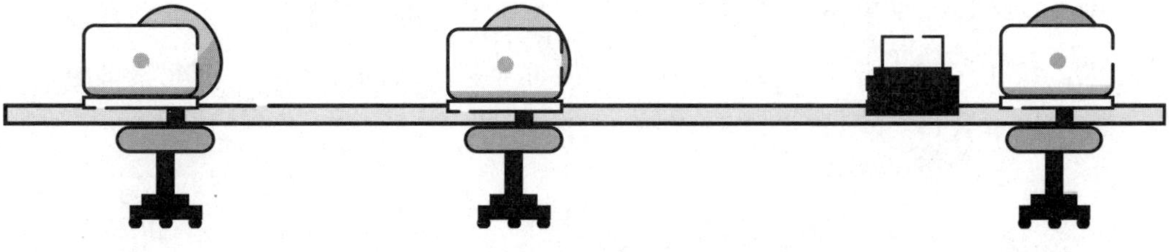

6.1 流程化管理：实现企业战略执行落地

6.1.1 流程化管理的概念与本质

企业的生存和发展会受到诸多因素的影响，对处于数字化时代的企业而言，“3C”和“3I”的影响尤为关键。“3C”代表顾客（customer）、竞争（competition）、变革（change），“3I”具体指信息（information）、国际化（international）、互联网（internet）。二者涉及因素的不断变化和相互作用，使得企业面临新的生存和竞争环境。顾客需求的变化、经济全球化的持续推进、信息技术的发展和应用，种种因素引起了企业竞争格局的颠覆性变化。

除产品和服务的竞争之外，企业间的竞争还发生在战略理念、交易方式、信息化转型等多个环节，这要求企业必须提高对顾客期望、员工能力、工作方式、激励机制等的重视程度。在这样的背景下，企业需针对组织结构及运行机制实施改革，以在日益复杂的市场竞争环境中占据主动，而流程化管理将在组织机制的改革中发挥关键作用。

1. 流程化管理的概念

流程化管理运用了业务流程再造（business process reengineering，BPR）的管理学思想，其核心为流程，与企业战略相适配，服务于顾客需求，旨在提高企业价值及顾客评价，促进业务绩效的进步，使企业具备更强的竞争力。

BPR思想强调业务流程的全面改革，采用全新的流程设计。与之相比，流程化管理显得更加灵活，从实际出发综合采用重新设计流程和调整现有流程两种解决方案。可见，流程化管理的特点在于实事求是、实用为上，这样的特质使它得到了许多企业的认可和采纳。

2. 流程化管理的本质

流程化管理是围绕业务流程运行的管理模式，其本质为打造卓越的业务流程。在流程化管理中，流程是为顾客服务的，在设计组成流程的活动时，应当保证各项活动均具备增值的性质，能够满足流程的需要。在流程的指导下，员工会把自己的活动与整体目标结合起来，形成一种自觉的意识，通过个人行动助力目标的实现。

与一般的业务流程不同，流程化管理产生的卓越流程在设计上具有优越性，能够历久不衰，可供企业长期使用，有助于保持企业经营结构的稳定性，同时企业管理者可根据环境的变化对流程进行适当调整。

在以往的管理模式下，企业各部门分别负责流程的各个环节，在部门边界的阻隔下，流程呈现为分散的状态。按照流程化管理的理论观点，流程分散对企业绩效的提升形成了阻碍，对此应当推动流程的整合，实现流程的统一集中管理。流程化管理解决了流程分散的问题，形成了完善高效的卓越流程，并在此基础上建立起企业的组织结构，为企业的业绩进步提供重要支撑。

6.1.2 企业流程化管理存在的误区

在早期发展阶段，流程化管理在多个方面展现出其积极的价值，包括提升单一流程绩效、节省企业经营成本、提升企业运营效率等。不过，很多企业流程化管理的进展并不十分顺利，原因在于这些企业对流程化管理体系的认知不够完善，在流程化管理方面多有误区，如图6-1所示。

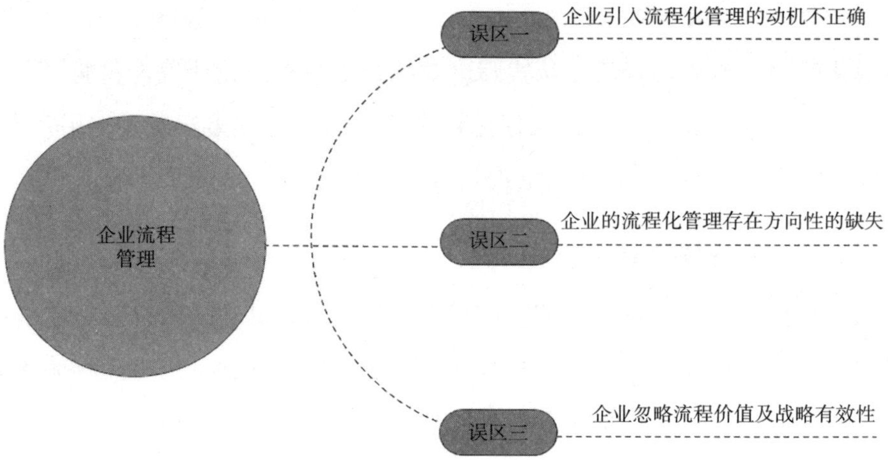

图 6-1 企业流程化管理存在的误区

1. 企业引入流程化管理的动机不正确

如果企业遇到了经营危机，财务状况萎靡，市场份额持续下滑，很多时候管理者会选择BPR作为应对方案，他们认为当前的局面需要激烈的变革来扭转。在使用流程化管理时，他们将缓解眼下财务问题放到首要位置，不会考虑企业的整体发展战略，也不关心企业竞争力的提升。

在此条件下，流程化管理往往会成为管理者降本裁员的工具，无法展现其本身的价值，无法在长期层面对企业产生积极影响。由管理者的短视所决定，其采用流程化管理的动机是错误的，这样的流程化管理自然不可能取得成功。

2. 企业的流程化管理存在方向性的缺失

许多企业的流程化管理并未取得成功，因为他们过多地关注“怎样做”的问题，而忽视了“做什么”的问题。在引入流程化管理的初期，企业将大部分精力放在流程设计上，针对特定目标提出各种新的设计方案，通过全面的分析和细致的对比选出他们认为的最佳流程，并将其投入运行。以上流程化管理的各个环节初看似乎无可指摘，而实际上则显示出缺乏方向性的局限。

围绕具体目标设计和改进流程，其初衷是提高解决问题的效率，就这一点来看并非完全不可取，然而局部效率的提升对于企业的整体发展而言意义非常有限。这种流程改革只是面向当前的市场需求，只适用于特定的内外部条件，没有形成明确的长期发展方向。而真正成功的流程化管理则是服务于企业的长期发展，助力企业战略的执行和整体目标的实现，且在面对各种需求和环境条件时能够始终保持适用性。

3. 企业忽略流程价值及战略有效性

流程评价是流程化管理的关键环节，流程的绩效可通过周期、成本、顾客满意度等指标得到体现。很多企业将流程绩效与企业业绩高度绑定，认为流程绩效就是流程在多大程度上提升了企业业绩，这种评估方式过于看重流程的实用价值，忽略了流程本身的价值和战略有效性。实际上，流程的战略性是一项非常重要的指标，因为流程对于企业发展具有战略层面的意义，其价值不仅表现在短期业务的增长上。从另一个角度看，如果过分强调业绩在流程评估中所占的比重，那么流程评估本身就不必存在了，只保留业绩评估即可。

以上误区的较为明显的共同点在于对企业整体的目标和战略缺乏认识，这正是导致流程化管理失败的主要原因之一。因此，企业应站在战略的高度开展流程化管理，并根据自己的具体目标制定管理方案，实现流程化管理效果的最大化。

6.1.3 流程化管理与企业战略的关系

企业从内外部环境和自身条件出发制定长期目标，并规划目标的实现路径，这就是企业战略。企业战略展现企业的使命、文化、价值追求、发展方向等，是企业行动的重要指导。企业战略与流程化管理之间是相互作用的关系，一方面战略决定了流程管理的方向，另一方面流程管理活动能够为战略变革提供参考。

1. 企业战略为流程化管理提供指导与支持

战略是流程化管理的领航者和指路明灯，能够引导流程化管理到达最终的目的地。流程化管理需要从战略中获取其内容的来源，确认自身的动机。因此，企业需基于明确的战略目标开展流程化管理，否则流程化管理将迷失方向，造成极大的资源浪费。

流程化管理需从战略处取得必要的支持。流程化管理需要企业多个部门的参与，会改变员工现有的工作内容和工作状态，因此员工往往对流程化管理持有一定的抵触态度。此外，很多时候，流程化管理会使企业内部的职责划分和利益结构发生变化。原本各部门的职责、权益都是非常明确的，当这样一种稳定的格局因受到外力影响而出现变动时，势必引起较大范围内的矛盾冲突，对流程化管理造成阻碍。因此，在流程化管理的过程中需要企业管理层以战略为基点发挥协调作用，调节企业内部的矛盾，为流程管理铺平道路。

2. 流程化管理有助于贯彻并修正企业战略

有的企业战略构想清晰，在实施过程中却遇到了问题。下面将用一个具体事例分析可能造成此类问题的原因。

一家生产型企业的战略着眼于某一类特定的产品，试图通过保障产品质量、保护产品市场终端，达到塑造企业正面形象的目标，其战略构想称得上清晰明确。不过，在该企业当前的流程中，品牌开发和管理附属于营销体系，信息流转需经过多个部门，这对信息畅通造成了阻碍，信息失真的情况时有发生，导致流程目标无法按预期顺利达成。

此外，企业的认证体系及产品对市场和政策比较敏感，但是针对政策和市场方面的重要信息，企业并没有建立完善的流程以覆盖信息的采集、分析、应用等环节，信息分散在各个部门，无法实现有效整合，综合分析更是无从谈起。

再有，该企业的发展速度比较快，在短短的两三年内取得了显著的进步，而在这个过程中，企业的人员素质并没有对等提升，这对企业的进一步发展形成了制约。同时，该企业在人员管理方面没有建立起明确的流程，仅停留在事务性管理的层面，人员的选择、分配和调动缺乏有效的指导。流程方面的短板对企业的战略执行造成了阻碍，限制了企业核心竞争力的提升。

流程化管理聚焦于企业核心问题，通过确定流程化管理对象、选择流程管理方法、分析流程化管理条件、评估流程化管理收益等环节，得以对当前的企业战略形成较为深刻的认知，能够判断战略的可行性、识别战略存在的问题。如果现行战略可行性较差、缺陷明显，或是已不适用于当前的环境，则企业可对战略作出相应的调整。

6.1.4 基于战略导向的流程化管理

在企业战略的指导下，企业需调配各项资源，适应并利用环境要素，向着长远目标迈进。制定企业战略需结合产品及市场，更重要的是要强调流程的有效性。

在为顾客创造价值的过程中，关键流程可作为价值的重要来源。能否充分发挥流程的作用体现了企业的战略能力，进而决定了企业的竞争力。企业的战略和流程之间相互影响，前者为后者提供指导，而如果企业没有明确高效的流程，战略的贯彻落实也会受到影响。

流程化管理有助于提升企业流程绩效，而在企业战略与流程化管理的共同作用下，企业得以确立自身的竞争优势。企业战略涵盖了企业的总体发展目标以及局部和阶段性目标。在局部战略的执行中，流程化管理将扮演关键角色。企业可以将流程化管理用于解决流程绩效不高的问题，但同时要认识到流程化管理更大的价值，即塑造企业核心能力。这样才能充分发挥流程化管理的作用，取得流程化管理的成功。在推进流程的优化再造时，企业要以顾客为导向，构建能够为顾客提供最大价值的流程，这一点对于流程化管理非常重要。

企业需基于战略分析锁定目标顾客群体，面向目标顾客开展流程化管理和服务，建立与顾客需求相适应的流程，提升服务质量，提高顾客满意度。得到更多顾客认可的企业，将具备更强的核心竞争力，在市场竞争中占据优势地位。

以战略为导向进行流程化管理，企业需从四点入手，如图6-2所示。

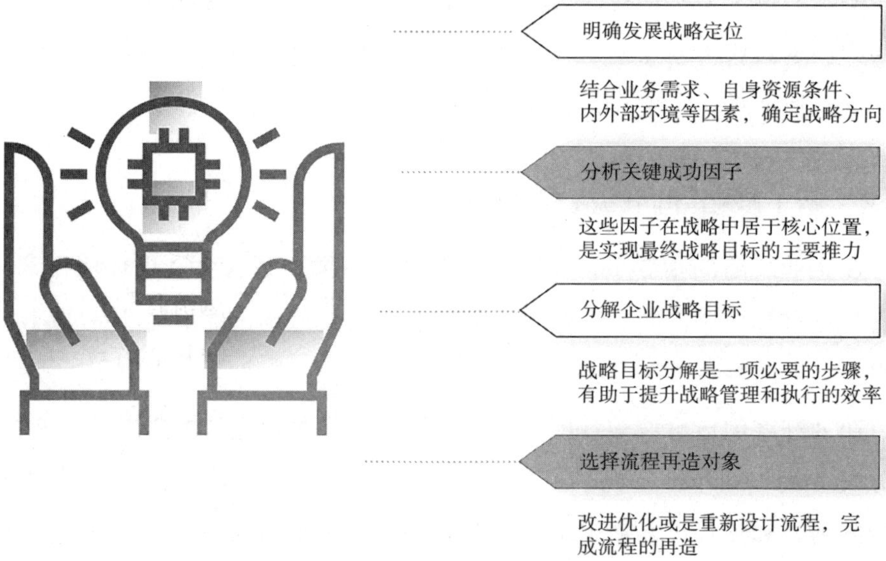

图6-2　基于战略导向的流程化管理

1. 明确发展战略定位

明确战略定位是开展流程化管理必要的准备工作。企业应结合业务需求、自身资源条件、内外部环境等因素，确定战略方向，而后观察战略执行的效果，根据反馈信息和内部意见对战略进行适当调整，形成相对稳定的战略设计。

2. 分析关键成功因子

企业战略有对应的关键成功因子，这些因子在战略中居于核心位置，是实现最终战略目标的主要推力。企业需借助环境分析确认关键成功因子，指导流程设计，为流程化管理提供重要支撑。

3. 分解企业战略目标

多数企业的战略目标都是从宏观层面出发的，因此战略目标分解是一项必要的步骤，有助于提升战略管理和执行的效率。根据关键成功因子分解企业战略目标，可以得到多个核心流程，而后再按照同样的方法对核心流程进一步分解。

4. 选择流程再造对象

缺少核心流程将会在很大程度上削弱流程的作用，使其无法为战略目标的达成提供应有的支持。企业应将缺少核心的流程作为流程化管理的重点，改进优化或是重新设计流程，完成流程的再造。确定核心流程后，评估各核心流程的战略执行绩效。如果流程的战略执行情况与预期差距较大，可再次考虑流程的再造。

6.2 落地实战：流程优化的四个关键环节

6.2.1 第一步：流程问题诊断

部分企业内部的流程运行存在大量漏洞，导致运营成本过高、员工作业效率低下、产品服务质量不高、客户满意度过低。为了解决这些问题，企业需要充分了解自身流程现状，找出流程当前存在的不足之处和需要改进的关键节点，并有针对性地展开流程优化工作。

1. 诊断目的

企业可以通过诊断的方式挖掘出流程执行方面存在的问题，找出这些问题的诱因，并进一步探索解决问题的方法，准备好解决问题所需的各项信息，充分保证流程的可实施性。

2. 诊断内容及对应标准

（1）流程体系诊断标准。表6-1展示的是流程体系诊断标准主要涉及的内容。

表 6-1 流程体系诊断标准

标　准	要　点
齐全性	整个流程体系具有较高的完整度，且层次清晰
多样性与灵活性	整个流程具有科学合理的分类，可以满足各类需求，且支持特事特办
显性化与标准化	流程具有与之相对应的制度，且具备各项相关要素
流程间接口与界面	各流程之间边界清晰，且衔接流畅

（2）流程导向诊断标准。表6-2展示的是流程导向诊断标准主要涉及的内容。

表 6-2　流程导向诊断标准

标　　准	要　　点
与战略目标匹配	企业需要确保流程目标与企业战略目标协调统一，各个流程均可按照战略目标的要求正确执行各项工作任务
与客户导向匹配	企业应推动业务与管理走向一体化，实现横向联动，提高客户满意度
流程知晓率	企业中的相关工作人员应明确流程目标和执行过程，与此同时，企业也要确保流程倡导价值与企业追求价值相符

（3）流程设置诊断标准。表6-3展示的是流程设置诊断标准主要涉及的内容。

表 6-3　流程设置诊断标准

标　　准	要　　点
流程环节的必要性	流程环节具有增值性的特点
流程环节的完整性	企业对整个流程进行闭环管理，充分保证流程各环节的高效性和工作质量分类的合理性
流程内部接口	各流程之间有明确的接口，且输入输出清晰，表单及信息具有较高的完整度，流程中的各个环节可直接协调配合

（4）组织架构的诊断标准。组织架构是流程快速有效运转的重要支撑。一般来说，为了确保职责的完整性，企业在安排工作时需要注意，由同一员工来完成一项完整的工作，在最大限度上减少工作交接次数。表6-4展示的是组织架构的诊断标准主要包含的内容。

表 6-4　组织架构的诊断标准

标　　准	要　　点
职能匹配	企业需要确保职能设置的合理性、完整性和清晰度，并明确职责分工
岗位匹配	企业需要确保各个部门及员工职责明确、完整，且权力与责任之间相互对应
绩效匹配	企业需要确保绩效激励与岗位职责相匹配
人员匹配	企业需要确保工作人员的能力和素质与流程、岗位相匹配，充分保证各项工作的完成度

（5）运营管理的诊断标准。流程的运转和落地离不开策略管理、资源管理、制度管理等各项运营管理工作的支撑。具体来说，运营管理的诊断标准主要涉及策略、资源保障和制度三个方面。为了保证流程稳定运转，企业需要采用正确的策略，并为流程运转提供资源方面的支持，同时也要确立相应的制度。

3. 诊断方法

（1）鱼骨图分析法（如图6-3所示）。其也称因果分析法，是一种发现问题"根本原因"的分析方法，主要应用于现代工商管理教育领域，通常可划分为问题型、原因型和对策型等类型。一般来说，影响问题特性的因素较多，企业需要采用鱼骨分析法，通过头脑风暴挖掘出这些因素，并按照关联性进一步整理各项问题特性和影响因素，从而绘制出具有层次性和条理性且能够表示质量特性与原因关系的图像，为流程问题诊断提供支持。

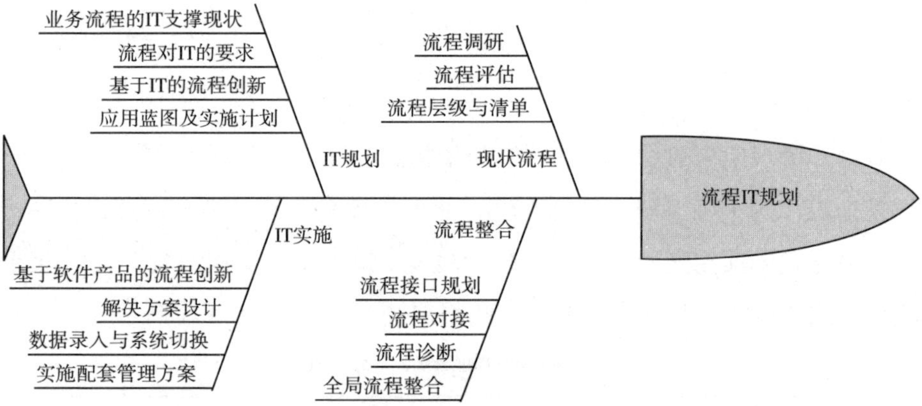

图 6-3 鱼骨图分析法示例

（2）时间陷阱分析法。其是一种在业务流程中寻找和解决时间浪费问题的方法。企业可以借助这种方法找出业务流程中不必要的时间消耗，并解决这一问题，进而达到提升流程整体效率的效果。

（3）绩效重要性矩阵法。其可以衡量流程的绩效表现及对业务的重要性，在此基础上划定流程优化范围，并借助重要性矩阵进一步确定流程优化的优先级。

6.2.2 第二步：建立流程框架

构建流程框架是企业梳理管理结构过程中的重要环节。企业可以从一级流程框架开始逐级展开分类细化工作，逐步绘制出完整的企业流程清单，并借助流程框架来表现流程体系的完整性及逻辑关联性，保证各流程之间边界的清晰度。

对企业来说，一级流程框架相当于最高管理层视角下的企业，能够在一定程度上体现出整体业务模式。具体来说，在企业中，最高管理层主要负责制定和传达企业战略，加强各流程之间的关联，有机组合企业中的各项活动，提高各流程的整体性，推动战略落地，促进整体效益增长。

由此可见，企业流程框架应发挥多项作用。具体来说，首先，反映企业的业务运作特点；其次，突出企业的战略或核心竞争力；最后，反映企业在不同业务领域中的定位和逻辑关系。

对建设全面流程体系的企业来说，将一级流程总图细化成流程清单，有助于落实流程化管理和流程优化工作。在拆解一级流程总图的过程中，企业需要先明确流程范围，找准整个流程的起点和终点，再逐级细化流程。在构建流程清单的过程中，部分企业缺乏整体规划，也并未在整体层面对流程进行分类分级，因此存在只拆解到三级或四级就无法厘清逻辑关系，以及各流程接口不清晰、不一致等问题。在流程分类分级环节，企业需要在充分了解各项管理要求的基础上，将各项业务划分为不同的类型，同时针对各项流程设置相应的控制点，并将其与各个知识经验积累点进行匹配。

在新产品管理方面，概念评审和过程控制是产品开发管理过程中的关键环节，能够在一定程度上保证新产品开发上市的成功率；在促销产品和改进类产品管理方面，快速响应是企业赢得更多市场的关键，可以帮助企业进一步增强市场竞争力。

由此可见，企业在设计流程清单时，需要从产品类型出发，针对不同的产品设置与之相符的流程，在实现差异化的基础上推动流程化管理走向标准化，避免出现采用相同的管理方法和流程应对所有业务的情况。除此之外，企业在对流程进行分类分级时，还需充分考虑细化颗粒度与应用对象之间的匹配问题，确保拆解出的各个层级流程均可与企业中的组织或岗位相匹配。

集团管控型企业大多存在流程清单分层的问题。一般来说，在集团管控型企业当中，各组织层级与管理对象之间可互相匹配。以人力资源管理为例，企业管理层制定框架性流程制度，下属业务单元将其细化为下层流程制度文件，并充分保证与上层流程之间的协调性和一体化程度，同时按照流程责任人将整体流程清单细化为下一层组织的流程清单。

从表现形式来看，流程清单与树状逐级分解相似。但从实际业务流程来看，整个流程中的各项业务之间互相影响，呈现出一种网状结构。因此，企业在分解流程清单时，需要先厘清各流程之间的联系，掌握各个流程之间的直接触发关联、信息交互和时钟协同等关系。

6.2.3 第三步：业务流程梳理

在完成流程框架搭建工作后，企业需要开始推进流程梳理工作。在梳理各个具体流程的过程中，企业一方面要设置流程文件描述标准模板；另一方面也要以流程责任人为责任中心，保质保量并及时地完成各项流程梳理优化工作。

在设置流程文件描述标准模板时，企业需要了解和分析自身当前的文件管理模式和规章制度，保证二者协调统一，也要充分考虑用户的流程图描述软件使用习惯，还要掌握各类业务流程的特性，进一步降低流程描述格式的复杂度。

以项目型运作业务为例，企业通常采用工作分解结构（work breakdown structure，WBS）来梳理业务流程，为运作节拍的流程添加时间轴，提高流程描述的直观性，降低理解难度，并兼顾流程描述的简洁性和详尽程度，推动流程化管理实现例外管理例行化。

也就是说，当企业在流程运营过程中出现例外时，可以通过对例外分类的方式挖掘例外的原因，以便实现对流程的细化，同时将经验规范到手册和模板当中，借助不断增加的例外来扩充流程分支。但在简化流程图时，可能会出现经验积累不足的问题。因此，企业还需通过在流程文件描述模板中添加工具的方式解决这一问题。

流程文件描述模板的容错率较低，任何小错误都可能造成严重的后果。因此，企业必须提前检验示例流程，并采用更加清晰直观的方式培训流程编制人员。企业应在流程梳理初期就将流程责任人作为责任中心，防止出现流程化管理部门或咨询公司代为管理的情况。

一方面，流程梳理优化通常伴随着思考、体会和模拟运作，流程责任人需要借此分析、优化和构建管理体系，通过对流程的梳理进一步明确管理思想和管理要求，找准优化方向，并对流程梳理优化工作进行评估和判断；另一方面，作为流程运作绩效的负责人，流程责任人需要探索设定指标和反映工作目标的有效方法，并设置以流程为基础的可衡量的绩效指标，同时借助该指标不断优化目标和业务，而企业需要根据指标的达成情况来考核流程责任人。

除此之外，流程责任人还要担任团队的领导和教练，需要确立流程规范，并将流程作为知识的载体，不断加强团队的知识积累和共享，提高知识的显性化程度和复用率，为下级工作人员的工作提供指导，提升团队能力，增强整个团队的竞争力。

为了保证流程责任人切实履行自身职责，企业需要先明确其具体职责，与之共同制订流程梳理优化的工作计划，并根据实际情况签订相关目标承诺函，保证流程建设工作的优先级；再建立定期汇报及流程讲评机制，规定流程责任人定期向企业管理人员汇报流程梳理优化的进展和阶段性目标，提高流程责任人在这项工作中的参与度；最后还要围绕流程责任人组建相应的业务小组，进一步梳理流程，并在咨询公司、流程化管理部门的指导下，加强项目管理，跟进项目计划，充分落实进展通报、专业辅导等工作。

6.2.4 第四步：流程再造优化

流程优化主要涉及目标问题导向和共识两项内容。对需要优化流程的企业来说，既要掌握当前存在的问题，明确流程优化目标，也要确保流程各方参与者能够就问题及优化方案达成共识。由此可见，企业必须保证项目过程组织的有效性，通过设置分布控制点等方式大力推进流程优化工作，并通过开展组织沟通会议来促进各个相关方达成共识，提高流程优化讨论的高效性和有效性。

流程优化过程中的各个环节都需要在上一个环节已达成共识的情况下进一步细化，具体来说，流程优化过程见表6-5。

表 6-5　流程优化过程

环　节	要　点
齐全性	整个流程体系具有较高的完整度，且层次清晰
多样性与灵活性	整个流程具有科学合理的分类，可以满足各类需求，且支持特事特办
显性化与标准化	流程具有与之相对应的制度，且具备各项相关要素
流程间接口与界面	各流程之间边界清晰，且衔接流畅

- 企业需要分析和归纳总结流程优化现状，明确业务组织职责分工和流程优化的目标等各项相关内容，提高流程中的各项相关术语

及分类定义的一致性，并在此基础上构建流程优化框架，确定流程优化方向，确保相关管理人员和业务部门负责人就流程优化问题达成共识。

- 企业开始对各项具体流程进行优化，确保各个相关运作部门之间就流程优化问题达成共识，并充分保证流程的可运作性，找准可改进的方向，同时也要综合考虑流程与当前业务之间的衔接问题。
- 企业需要优化流程表单模板，充分发挥各项工具的作用，以便完成各项操作，落实各个流程，并加强对流程优化风险的控制。

在流程优化过程中，企业需要召开大量会议，研究和讨论各项流程优化相关问题，并通过会议输出有价值的信息，同时促进各个流程相关方达成共识。具体来说，企业需要借助会议完成以下工作：

- 明确需要达成共识的问题，如找出职责模糊的部门/岗位和不顺畅的流程环节等，并增加备选方案，对流程优化相关内容展开优劣分析。
- 确定参会人员，让各个流程相关方都参与会议，并通过会议达成共识。若出现多个相关方各持己见的情况，则需安排决策者来确定最终方案。
- 充分保证会议引导和组织的有效性，确保会议始终围绕既定主题展开讨论，防止出现会议主题偏离的情况。
- 制定符合企业业务发展情况的流程优化方案，并通过流程优化讨论会议来提高该方案在各个相关方中的认可度。

流程优化项目目标可以在一定程度上培养各方相关人员的工作习惯，使其可以在流程梳理优化的过程中坚持面向流程思考、按照流程运作。流程管理部门和咨询公司主要负责推动项目落地，在项目管理方面应充分发挥管理、推动和引导作用，保证组织和管理的有效性，支撑后续流程成功落地。

6.3 流程智能：企业业务流程数字化转型

6.3.1 流程信息化：端对端流程线上化

数字化流程就是实现新一代数字化技术对企业业务细节的渗透，优化企业员工彼此协作与任务执行的模式，提升流程参与者在参与过程中的活动效能，大幅提升参与者的过程满意度，实现其体验优化，进而使整个企业更加高效、更具活力地运行。随着新一代数字化技术的深入应用，企业原有流程的运行模式正在被重塑。在数字化技术引擎的推动下，流程数字化转型的浪潮正席卷而来。

那么，数字化流程与非数字化流程究竟存在哪些差异呢？针对这一问题，可以从信息化、自动化和智能化的角度予以衡量。也就是说，企业的数字化程度越高，其内部流程的信息化建设越彻底，自动化覆盖越全面，智能化水平越高。

某知名信息技术研究分析公司提出了超自动化（hyperautomation）的概念，并将这一概念列为2020年十大战略技术趋势的第一位。此外，某知名技术和市场研究公司则以“数字流程自动化”（digital process automation）为类似的概念命名。互联网数据中心（internet data center，IDC）则将这一概念称为“智能流程自动化”（intelligent process automation）。无论使用何种方式命名，流程的“自动化”和“智能化”都是流程数字化转型的重要趋势，而依托新一代信息技术的“信息化”流程，则是流程数字化转型的基础支撑。

通俗而言，信息化的本质就是线下业务的线上迁移。20世纪90年代至21世纪初，人们在提起信息化时首先感受到的也是新奇和陌生，如同当下对数字化的认识。随着信息化建设的不断深入，企业的工作方式获得了根本性变革，传统的纸质或电子表单逐渐被支持多方交互、信息共享的在线信息化系统所代替。信息化系统的建设，通常与某一系统或某一部门的职能相对应，具有较强的功能针对性，比如财务管理、生产管理、销售管理、办公自动化管理系统等。正是通过这些系统的建设，企业工作完成了线下交接向线上协同的转型，也就是说，“信息化转型”是面向工作方式的改造。

经过几十年的建设，信息化系统在企业中的任务覆盖能力越来越强，即企业管理的信息化程度不断深入。但是，从端与端之间的任务互动来看，不同流程环节的任务对接往往需要经历系统间的转换，即无法实现某一任务流程的一站式协作，这就导致任务执行的效率大打折扣，很多信息无法及时共享。此外，由于功能系统的支撑能力有限，部分环节的信息化转型难以实现或转型成本过高，所以很多流程环节还是需要线下对接，即信息化尚未实现业务的全链条、全环节覆盖。

依靠线下纸质或电子表单进行工作交接，通过口头转述、电话、邮件或微信等信息交流方式实现流程触发、任务部署的工作方式，难以直接过渡到数字化管理模式。端到端流程的数字化，需要建立在端到端流程信息化的基础之上。端到端各步骤中有越多的业务细节在线上进行，就能够在一定的流程框架之下建立更多的数字联系，也就能够为端到端流程的数字化创造更好的条件。

随着新一代数字化技术的出现，各种新的分支技术为实现端到端流程全过程的线上化创造了越来越多的有利条件，这一流程转型的成本也不断被拉低。同时，具有任务整合和流程一体化支撑能力的新一代流程引擎技术也趋于成熟，端到端流程全过程的流程触发、路径选择、任务派发和任务执行将顺利实现。正是由于这些新技术的出现，为端到端全流程信息化提供了技术支撑，逐渐拉开数字化流程时代的序幕。

6.3.2 自动化：流程机器人的应用

提起自动化时，很多人会陷入一种误区，将流程的自动化简单理解为任务执行的自动化。实际上，这种认知有一定的片面性。以不同的业务维度进行划分，流程的自动化包括流程触发、路径选择和任务派发、任务执行、风险及质量监控四个方面，如图6-4所示。

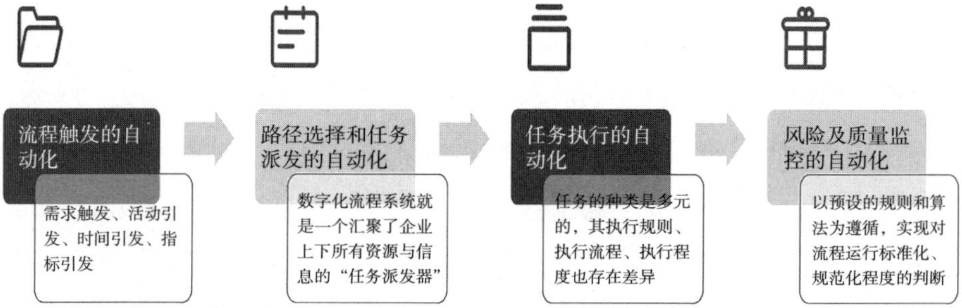

图 6-4 流程的自动化

1. 流程触发的自动化

流程触发的机制主要包括四种类型，分别是活动引发、时间引发、指标引发和需求触发。其中，活动引发和时间引发的触发方式自动化难度较低，但是需要新一代数字化流程引擎作为实施载体；指标引发的触发方式则需要以企业构建数字化指标监控系统为前提；实现难度最大的是需求引发的自动化，即能够通过相关需求的自动识别作出相应的业务处理行动。比如，“需要调用项目资料”这个事件触发“提交资料调用申请书”这个活动，随后触发“项目资料调用申请书审批流程”，而具体的资料调用时间、资料归还时间，这些只有需求人才能确定具体的信息。

当前，部分企业会在项目开始之初录入项目信息，并在之后的项目推进过程中保持同步更新。当项目信息中出现类似需求时，系统会自动识别并发起相关活动，这是当前企业业务实践中对需求触发的流程自动化进行的一次自发的探索。

如果将流程触发机制比喻成企业的“神经元”，那么这些“神经元”最终将织成企业的“神经网络”，并直接决定企业整体运营的稳定性和机敏性。所谓稳定性，即事件与流程之间稳定的触发关系，所有事件的发生都一定会触发相应的流程；所谓机敏性，就是系统对事件的响应能力，事件发生后，流程能够在最短时间内被触发并进入相应的活动流程。

2.路径选择和任务派发的自动化

在理解路径选择和任务派发的自动化之前，可以先联想一下数字化智能仓库的物流机器人。作为智能搬运工具的“物流小车”之所以能够将货物搬运至指定位置，是因为其内部写入了搬运对象、路径和小车行动对应关系的程序。在程序的驱动下，小车按照规定路径行驶，在读取不同节点标识上的信息后，按照事先定义的规则执行不同的操作。

在数字化流程运行平台上同理，用于任务派发的“任务小车”在内在程序的驱动下，在任务路径上自主运行，在识别出不同的人员信息后根据程序指示进行任务派发，当任务派发对象完成任务规定的工作后，“任务小车”又会按照既有路径奔向下一节点，进行新的任务派发。同时，正如“物流小车”在运行过程中会搬运不同的货物，“任务小车”在运行过程中也会更新其所负载的业务活动。

从某种意义上而言，数字化流程系统就是一个汇聚了企业上下所有资源与信息的“任务派发器”，数字化的流程引擎整合企业内的资源、规则与信息，在要求框架的约束下，将一个个“工作任务”派发给不同岗位上的“人员”或“机器人”（数智化时代，机器人也有可能作为“人员”负责某一岗位上的工作）。

3. 任务执行的自动化

相比较而言，任务执行的自动化理解起来难度较低，但在实践中的实现难度也相对较高。因为任务的种类是多元的，所以其执行规则、执行流程、执行程度也相应地存在差异，这大大提高了其自动化执行的难度。

在当前的应用场景中，自动化程度较高的工作主要是机械性重复工作，这种工作由于操作步骤确定，每一步都能够被清晰的操作原则框定，不存在模糊性原则，同时从初始环节开始，其推进过程中的各个步骤都能够被数字化录入，或借助合影像识别（OCR）、语音识别以及人工智能（AI）等技术完成数字化转化，因此能够借助机器人流程自动化（robotic process automation，RPA）技术来实现自动化。

RPA是在信息系统界面，模拟人类进行人机交互的数字化技术。这种技术受实现预设的操作原则驱动，模拟人工在系统界面上执行复制、粘贴、点击、顺序调整、删除等操作任务，通过自动化手段达成与人工一样的任务执行效果，从而完成此项任务的自动化执行。

随着数字化技术的快速发展，各种任务针对性技术研究不断取得突破，任务执行自动化或半自动化完成的可能性也在不断提高。

4. 风险及质量监控的自动化

及时识别流程运行过程中可能出现的风险，同时依据一定的标准与原则监控流程任务完成的过程，检验其完成的标准，也是流程自动化未来重要的发展方向之一。在具体实现逻辑方面，主要是以预设的规则和算法为遵循，在流程执行过程中通过实时的信息采集、信息分析、信息检验，实现对流程运行标准化、规范化程度的判断。当识别到异常时，快速由决策中心作出反应，及时予以干预。

这一过程实现的挑战在于数据采集、分析及判断的过程需要具备快速响应能力，在流程正常执行过程中处于伺服状态，当出现问题后快速发出警告并采取科学的介入行动，即既要保证其纠错能力的发挥，又要确保整体任务向前推进的效率。若不能严格做到这一点，则风险及质量监控的自动化无法在企业日常应用场景中顺利落地。

6.3.3 智能化：赋能业务决策变革

在数字化技术不断普及的当下，企业为了更好地适应市场环境，在激烈的竞争中建立优势，进一步提升利润空间，纷纷借助自动化技术代替人工完成一些机械性、流程化的任务。然而，传统的自动化仅仅能够在标准化操作中应用，由于其灵活性和适应性较差，无法满足当前信息多元化、需求多样化市场环境下的决策要求。随着人工智能技术对各行各业的快速渗透，这一问题得到了有效解决。业务流程的自动化程度不断加深，自动化在业务流程中的应用逐渐由执行环节渗透到决策环节，这已成为企业未来发展的重要方向。

在机器学习和深度学习技术的支撑下，人工智能具备了一定的类人能力，可以像人类一样获取信息、处理信息并作出决策。此外，"流程机器人"在这些技术的赋能下还能完成简单的逻辑判断。

例如，保险公司在进行理赔业务处理时，引入人工智能和机器学习技术用于风险监测，在进行业务授权之前，首先让人工智能进行风险识别，只有当风险指数在容许范围之内，自动化执行系统才会激活RPA，使业务转入赔付环节，完成后续的业务流程；若在这一过程中AI检测到了欺诈行为，业务风险系数提高，则RPA会将业务转接至人工。这相当于在原有流程的基础上增加了自动风险审查的环节，有利于提高业务办理的安全性。

1. AI 技术在业务流程中的应用

AI通过引入机器学习、自然语言处理（NLP）和计算机视觉等技术，进一步实现传统自动化的功能拓展，使其不仅能够在规则驱动下完成任务，同时赋予其数据洞察与流程优化能力。

（1）智能决策。AI通过对海量数据的深度挖掘，帮助企业在复杂多变的市场环境下捕捉高价值信息，为动态决策提供依据。例如，可以根据市场趋势变化阶段性评估已有的供应链策略，及时调整更新供应商合作方案。

（2）预测与分析。AI利用数据实现趋势预测，如通过分析历史销售数据提前掌握用户需求变化，为企业争取更长的经营反应时间，更好地把握市场机遇。

（3）自适应流程。AI能够根据实时的数据分析结果自动进行连续性的流程优化，整个过程中不需要人工监管，一方面能够覆盖更多的业务场景，另一方面也将一些业务拓展为全天候服务。

（4）自然语言处理。借助NLP，AI能从人类日常语言中提取指令信息，从而自动感应用户需求，提供服务。例如，借助AI智能客服，可以在窗口无人服务的情况下，实现对客户需求的响应，提升用户满意度。

在AI技术的加持下，传统自动化将不再仅仅局限于任务的机械执行，而是扩展到情势判断、决策支持、客户对接等领域，这一进步将极大地提高企业业务处理速度，让自动化系统能够兼容更多的任务场景。

2. AI 赋能企业流程化管理

AI与各类业务流程的深度结合，正推动着自动化走向智能化，让企业业务办理更快、更科学、更精细。以下是对部分AI赋能下业务场景的介绍。

（1）供应链管理。AI通过深度分析商业大数据，提前获取需求变化趋势，并以此为指导生成最优库存管理方案，并实现采购和物流安排的动态衔接。比如，AI能够根据历史销售表现和市场行情生成未来销售模型，并结合模型进行库存调试，优化库存管理。

（2）财务与审计。AI能够自动复核财务数据，实时识别出交易中的异常因素，及时介入保证交易安全。例如，智能审计系统能够快速进行海量财务数据的筛查，及时发现问题数据，相较于人工审计效率更高，更精准。

（3）人力资源管理。AI在招聘、员工绩效评估和人才管理等人员交互性活动中也发挥着重要作用。智能筛选系统与企业内部的用人系统对接，能够根据企业用工需求自动完成简历筛选，填补企业内部的职能空缺。此外，AI还能通过机器识别、语义识别等监控员工情绪，结合员工状态调节任务计划，提高团队协作效率。

（4）客户关系管理（CRM）。AI能够帮助企业释放数据价值，通过数据分析解析用户深层需求，提高服务的精细化程度。借助AI驱动的客户管理系统，企业能够掌握用户偏好，预测用户需求，从而调整营销策略，推动普通用户沉淀为深层用户。

（5）生产与设备管理。AI能够实时收集设备运行数据，通过数据分析达到设备运行监控的目的，提前识别出设备故障信息并自行执行设备维护操作，避免故障影响生产造成不必要的损失。例如，智能维护系统能够根据设备的实时数据生成设备运行曲线，在出现异常数值时，及时发出预警并采取维护行动。

上述业务场景在AI的赋能下，成功实现了智能化改造，业务响应速度和执行质量都大大提升，帮助企业迅速在竞争中建立起了比较优势。

综上，流程数字化转型就是依托新一代的数字化技术，打造企业内部信息化、自动化和智能化的端到端的流程，从而实现企业内部业务系统性重塑。

6.3.4 企业数字化流程体系的构建

流程化管理的本质是让企业内部业务行为的次序、任务执行的程度、人员分工及分工遵循都在一定的规则约束下进行，确保业务流程的各个节点都落实到人，同时各个节点上的人员能够发挥出应有效用。

通俗而言，流程化管理是帮助企业管理者通过流程固定、规则制定的方法，确保每个业务节点上员工的执行行动都是完成该部分业务最高效、最有价值的行动，让员工能够在流程的指导和规则约束下掌握业务执行过程中所要达成的目标、目标达成的方式以及达成的程度，从而实现企业整体工作效能的提升，减少员工犯错，控制企业运营成本。

在数字化技术发展的当下，企业流程体系构建聚焦于企业战略目标，以价值创造为驱动，通过制度完善和规则建设落实，实现部门间和岗位间业务流程的高效贯通，将纵向职能流程与横向业务流程织成经纬，推动不同业务职能间的沟通协作，对上落实公司战略目标实现和各体系管理要求，向下统领基层业务分支，如图6-5所示。

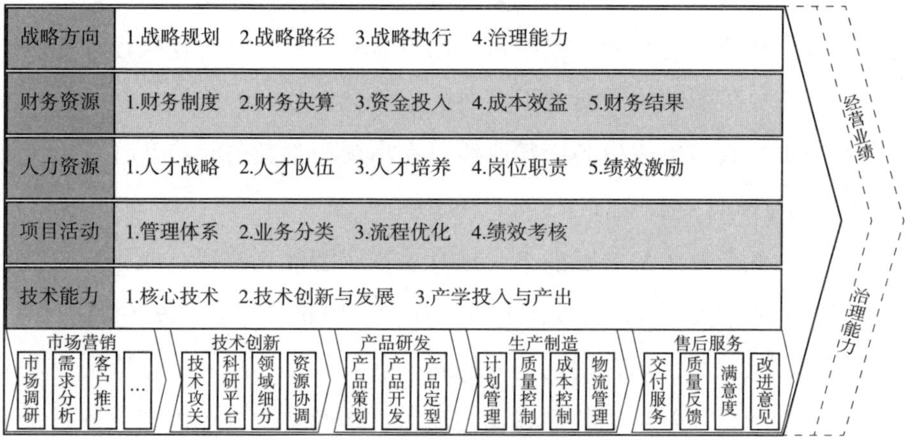

图6-5 企业数字化流程体系

1. 构建流程框架

企业构建数字化流程体系，需要对管理活动进行深度解析，精简冗余步骤，构建高效、规范的流程框架。通过业务头尾衔接、任务自驱等，提高企业经营管理效能。

首先，以企业未来战略规划和业务发展目标为牵引，梳理一级业务流程，整合内部资源，实现流程化管理与价值链活动的动态同步；其次，参照企业组织架构和职能分配实际，打造功能化、个性化的端到端流程和职能流程二维架构，同时使系统具有一定的离线服务能力；最后，打造业务流程管理机制，实现流程、语言等细节的标准化，构建规范化的企业流程运行体系。

2. 建立流程性职责

通过串联各核心控制要素，能够提高流程设计的统一化程度以及流程节点管理的颗粒度，将部门放置在整体流程中进行职能调整，并在分配岗位责任时注重岗位在流程中价值的动态发挥，以易于分条落实为原则细化岗位职责，推动企业过渡到流程化组织阶段。通过责任明确和人员、岗位、职责相绑定的体系构建，解决以往管理中经常出现的“踢皮球”问题。

3. 完善管理制度

在运行管理过程中，通过结构化分析找出管理中的难点、痛点、堵点，引入六西格玛、约束理论、精益生产等优化技术补齐企业管理短板，确保管理流程对企业各个维度、各个系统的全面覆盖和深度渗透，使企业的制度和流程分别实现横向和纵向的串联，保障端到端流程网的完整性与严密性，保证管理的广度和深度。

在制度与流程匹配的前提下，对制度文件进行分类管理，并提供查询分析服务；在制度条款精细化的基础上，为制度检查信息化创造条件。

4. 搭建管理平台

以流程化管理为驱动，即将流程体系与信息系统高度铆合，围绕整体业务流程，通过“数据+平台+应用”的方式，完成流程化管理与一体化运营管理体系的双向互动，为系统化、透明化、定量化和数据化统一管理平台的建立奠定基础，提高企业内部管理的精细化程度，提高各部门动态协同的效率。

5. 实现流程集成

通过将组织、岗位与角色嵌入流程，将制度渗入流程，将权责落实到流程，将信息化管理与流程融合，推动企业级流程化管理改革走向深化，借助流程变革提升企业内部的任务统筹能力和协调沟通能力，实现一站式管理。同时，对试点流程集成管控，特别是实现各业务系统功能的耦合，解决管理体系运行过程中流程实现需要的多系统切换、任务资料零散、数字化运行不彻底的问题，有力地推动了企业的规范化、结构化管理的纵深化发展与常态化实施，为现代化企业管理制度的形成提供助力。

6. 加强运营管控

以业务流程化管理为支撑，构建绩效监控体系和流程分析体系，持续提升流程化管理的规范性、灵活性，从而提升企业的发展韧性，帮助企业更好地在市场竞争中建立优势。

以指标测量作为过程评估的重要手段，将对项目的管理细化到各个层级目标的实现，推动管理向内渗透。同时，将业务流程梳理优化工作作为组织绩效、干部绩效和员工岗位绩效的一项评估维度，以保证企业流程优化走向常态化，保证流程与业务和企业需求的贴合，提高企业的抗风险能力，帮助企业实现高水平运营。

流程驱动数字化转型是企业当前需要重点探索的内部改革方向，对企业实现由传统程式化管理到数智化管理的跨越式发展意义重大，但是无论如何寻求流程创新与数字化转型，企业都必须始终以价值创造为导向，这样才能够保证企业的数字化发展始终保持方向正确，确保数字化发展的结果与企业的发展需要相适应，达到数字化技术和工具为企业发展赋能的目的，让企业的数字化转型真正稳健而富有实效。

第7章

文化创新

7.1 文化创新：企业管理现代化基石

7.1.1 文化创新：驱动企业永续经营

企业文化是一种揭示企业成长历程的关键性力量。随着企业不断走向成熟，企业文化对组织的渗透性也进一步增强，其潜移默化地塑造着员工的价值观和工作理念，同时还和企业发展战略一起牵引着企业的未来发展。

近年来，随着企业间竞争的进一步加剧，竞争的内容也从过往资金、市场等“硬实力”扩大到包括员工素质在内的“软实力”。企业是国民经济的重要组成细胞，好的企业文化能够让其健康、积极地发挥作用，在实践的基础上，通过理论的力量将企业的战略目光延伸得更远。推动企业的持续发展、打造企业的核心竞争力，必须将企业文化作为重要抓手。

当前，社会经济的发展进入快速推进期，通过企业文化的创新，能够不断为企业注入新的活力，从而让企业的运营、管理更适应当前的社会发展节奏，保持发展的现代性，因此，企业文化的创新发展是企业管理现代化转型的基石。

企业是一个组织概念，人员是其基本构成单位，企业即由人员构成的一个内部彼此沟通协作、对外具有经营能力的统一整体。人在企业中占据着重要位置，因此相关企业制度的制定应遵循以人为中心的原则，符合人性化理念，并通过企业文化实现价值的向外输出。当代著名管理学家吉尔特・霍夫斯泰德认为，文化是由不同层次组成的。企业文化建设的内容可以按照其内在性质划分为物质层、行为层、制度层和精神层四个不同的层次，如图7-1所示。因此，可以按照物质层、行为层、制度层、精神层的顺序逐步深入探究企业文化，发掘其对员工成长和企业发展的重要价值。

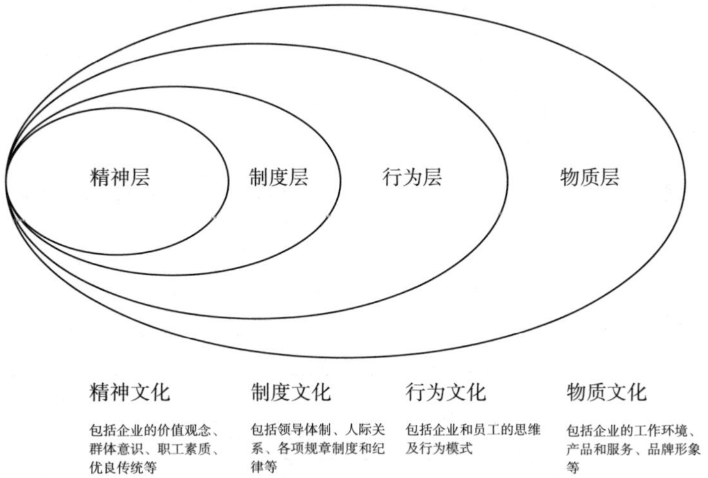

图 7-1　企业文化的结构层次

企业文化塑造着企业内部全体员工的认知、思维方式和行为模式，同时通过集体价值观的塑造凝聚人员力量，在企业的发展过程中成为集体归属感的来源，并起到一定的约束作用。在社会环境日新月异的当下，必须不断为企业文化注入新的内容，才能保证其在企业中的先进性与引领性。

创新是使企业文化永葆生机与活力的关键路径，同时也是企业价值理念的关键核心，因此，应对企业文化的创新予以充分重视。创新企业文化就是推动企业技术、管理理念、服务宗旨的迭代升级，这是企业在激烈市场竞争中确保自身独特性的重要依托。企业需要不断丰富和拓展自身的文化内涵，即使外部环境不断变化，企业也应通过文化将自身的内核固定下来，并不断通过各种方式提高企业文化体系的建设水平，让其更好地为企业的发展输送精神营养。

进行企业文化创新之前，企业可以采用企业文化研究方法论模型（如图7-2所示）诊断企业文化现状，发现企业文化现状与企业竞争力提升需求之间的差距，并在此基础上展开文化创新工作。

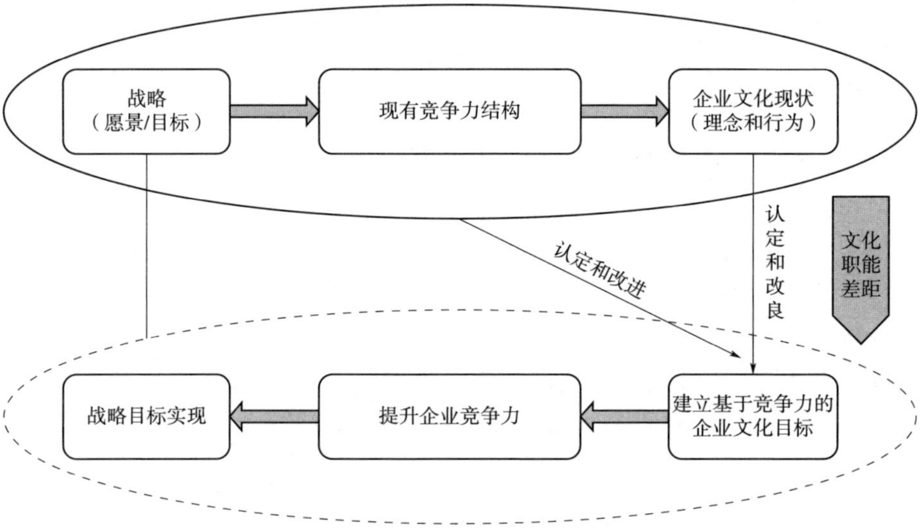

图 7-2　企业文化研究方法论模型

对内，通过推动优良的企业文化渗透到员工的培养、成长乃至业务执行等各个环节，可以最大程度上增强员工的主人翁意识，激励其发挥主观能动性，从而让企业更富生命力。此外，企业文化还能够帮助企业在发展过程中始终保持清醒的自我认识，拥有稳定的内核，拉动企业向着自身的战略目标不断前进，保持发展的持续性。

对外，企业文化则有利于企业更好地建立比较优势，打造独具魅力的品牌形象。企业在长期的发展过程中形成了独特的企业文化，这既是企业过去发展中精神成就的投射，也是企业未来发展中动力的来源。企业文化能够帮助企业获得稳定的发展内核，并通过不断地创新引领企业的组织与管理模式升级，使之更加适应现代社会，在发展过程中获得更多的资源支撑。

随着外部竞争环境愈加严峻，现代企业注重通过企业文化的创新为企业管理模式的转型提供力量，提升企业对自身发展的认知层次，帮助企业更好地建立比较优势。另外，通过企业文化创新，还能够促进企业间的合作，构建良好的行业合作关系，对企业所在的整个领域进步也有一定的促进作用。

7.1.2 文化创新赋能企业管理现代化

企业文化在企业发展中扮演着引领者、约束者、凝聚者的角色，是企业发展过程中不可缺少的关键组成部分。但是，由于当前社会环境的快速变化和市场竞争的白热化发展，仅仅悬停在内部的企业文化将难以支撑起新局势下企业的经营与发展，因此必须推动企业文化链接市场与外部环境，实现创新发展，从而为企业的现代化管理提供力量。

从这个层面来看，企业文化创新是企业管理现代化的基石。企业文化创新对企业管理现代化的赋能作用主要体现在以下四个方面：

1. 创新企业管理模式

在现代企业中，企业管理建立在企业文化基础之上，以企业文化作为企业成员间的精神纽带，且随着企业文化的深刻发展凝聚起全体员工对企业的认同感、归属感，保证企业的内部团结。此外，以企业文化为根基的管理还能进一步提高管理的深度，推动员工工作热情的迸发，进一步释放企业的发展潜力。

企业文化中的道德因素，通过对企业组织、管理、经营活动的渗透，最终成为一种内在的约束性力量，让企业在逐利的市场竞争中保持自身的经营操守、自觉承担起社会责任、保证内部的风朗气清。企业文化的创新就是变强制性、制度性的硬性管理为启发性、人性化的柔性管理。

近年来，文化和管理等因素在企业核心竞争力中所占的比重进一步提高，重视管理模式与企业文化的深度结合成为企业内部改革的重要方向。由此可见，企业文化创新对企业管理模式升级具有推动作用。

2. 提高企业管理能力

企业管理为企业文化创新提供了应用场景与动力源泉，企业内部一些规章制度的制定可以在企业文化的指导下进行，以企业文化的理念逻辑为遵循，再配合以一定的物质奖惩制度，能够达到良好的管理效果，提升员工的创新意识。

此外，以企业文化驱动企业管理，能够激发员工自我约束的内生力量。但这些都是建立在企业文化是先进的、内涵丰富的、贴合企业发展需要的前提下，而保证这一前提需要进行企业文化创新。因此，企业文化创新深刻影响着企业管理能力的形成。

3. 革新企业的合作模式

近年来，为了更好地适应现代化市场经济体系，企业需要在保持原有经营的基础上进一步谋求扩张，以实现企业间、产业链条间乃至行业之间的交互合作。随着市场的不断变化以及企业自身发展阶段的改变，企业间的合作模式也相应地有革新的需要。

企业文化的创新能够让企业在合作中保持自身的独立性，同时帮助企业选择更加合适的合作伙伴，提高企业对合作的认知深度，避免企业在合作中出现方向性错误。另外，企业文化创新也有利于提高企业间合作的效率，让合作过程中各个企业价值观、发展战略等深层的成长性需求进一步凸显，从而推动构建企业间的深层合作关系。

4. 推动企业可持续发展

环境和市场一直在变，这就需要企业自身具有一定的成长性和自我超越性，以适应外部变化，长久地发展下去。而企业文化正是这种成长性和自我超越性的来源，通过武装企业内部的员工，提升他们创新的内生动力，能够保证企业整体的发展势头。

在企业发展的过程中，目标起着重要的拉动作用，小到员工的个人目标，大到企业的战略目标，都决定着企业能够走多快、走多远。而各种目标的制定，离不开企业文化的影响，可以说，目标是企业文化与现实愿景的结合，企业文化在其中发挥着重要的作用，能够紧密地联系起员工，提升企业内部协作的和谐度。

因此，企业的发展需要内部员工齐心协力，而员工的行动既需要企业提供的物质激励拉动，也需要企业文化塑造下的内在价值导向驱动，并在自我发展的过程中进一步通过自身的创造去完善企业文化，从而形成一种良性循环。

7.1.3 推动企业文化创新的具体措施

当前，企业的经营管理人员的精力重心更多地放在经营方面。他们有一种错误认知，即认为经营活动与企业管理有着更深刻的影响关系，因此忽略了企业文化建设与创新方面的问题，这在一定程度上限制了企业文化的创新。因此，企业管理人员需要站在更高的认知维度上，去理解文化创新作用于企业发展的机理，更新落后的企业管理理念，给予企业文化应有的重视，为企业的长远发展提供价值引领，保证企业的健康发展。

然而，结合企业管理实际来看，要做好上述方面，仍存在较多挑战。有些企业虽然在企业形象塑造上起到了一定的积极作用，但并未从根本上实现企业经营管理与企业文化建设的结合，也就难以培养出与企业战略发展需要相适应的员工，企业的经营效率因此难以提高。

另外，企业管理人员的错误认知会限制企业的文化创新，这来自他们对企业文化的错误定位，将其归入文娱活动而非企业的发展驱动力量，因此在企业文化建设创新方面存在程度浅、维度少、方法盲目等情况，未能站在企业现实发展的角度去深度拆解企业的文化创新需要，让企业整体的文化建设处于隔靴搔痒、难以进行价值发挥的尴尬局面。

企业管理中的企业文化创新关系到企业后续发展的动力问题。当前，外部市场的竞争压力不断增大，企业要想在严峻的外部环境下保持发展的韧性和冲劲，就必须以企业文化创新为切入建立比较优势，实现企业的快速成长。当前，企业管理需要在认识到企业文化创新重要价值的基础上，通过合适的方式实现企业文化创新的落地。

1. 积极转变管理人员的思想观念

在企业发展过程中，企业的决策者决定着企业发展的大方向，一些管理者为了保证企业战略的前瞻性与科学性，需要持续将企业文化的培育壮大作为一项重要的工作内容，同时充分发挥自身的模范带头作用，摒弃以往的“唯制度论”“唯规则论”，在管理中嵌入“以员工为本”的理念。

为更好地实现这一点，企业管理人员需要严格要求自我，不断吸收前沿的管理知识，积极从国内外成功管理经验中获得灵感，结合企业的管理实际，多复盘、多分析，让各项管理措施顺利落地。在这个过程中，管理者应始终将企业文化作为理念指导，通过企业文化创新保证管理理念的超越性。

管理人员还要加强企业管理的现代性思考，市场和外部条件的变化革新了原有的竞争格局，相应地，企业在价值链中的位置也会发生改变。为了更好地存活与发展，企业需要主动适应这种现代性变革，通过企业文化创新为其内涵注入现代性因素。在经营管理过程中，企业应始终将自身置于整个市场体系之中进行审视，以市场需求为导向，实现企业文化、企业管理、企业发展的统一。

2. 企业文化创新与企业营销相结合

通常，企业文化创新的目的是发挥一种价值引领与自我约束作用，这类企业文化属于企业的内部文化，与外部环境和市场存在一定隔阂。但企业以经营为主要活动的特性又决定了其必须在与市场的交互中发展，与社会不同领域的结合是其生存发展的必然要求。

因此，企业文化的建设还需要保持一定的开放性，与企业的营销活动相结合，通过企业的对外宣传实现企业价值理念的向外输出，以此树立良好的企业社会形象，形成企业自身独特的影响力。

3. 企业文化创新与开发人力资源相结合

从企业发展的角度来看，企业文化的创新需要全体员工的共同参与，其中管理人员则起到了重要的组织引导作用。作为企业中重要的人员管理部门，人力资源部门应积极作为，在企业文化建设中进一步发挥职能价值。

从职能价值角度来看，人力资源部门的工作核心在于企业内部人员的管理方面，而员工又是企业文化建设的主体，因此企业人力资源部门需要承担起制定企业文化制度的重要责任，结合企业的战略目标、文化导向和实际需要对员工进行教育和培训。

另外，在培训工作的落地方面，则需要企业多个部门的协调配合，以保证整个培训的组织性、高效性，并通过一定的激励手段调动员工的参与积极性。同时，培训结束后，可以通过综合评价和考核保证培训效能，结合员工日常的工作表现进行成绩判定。由于员工的个人资质差异，其取得的成绩必然有所差别，在后续的培训中，也可以根据员工自身的水平制订不同的培训计划，从而提高培训的精细化程度。

7.2 价值驱动：引领与塑造企业文化

7.2.1 价值观：企业文化的核心

企业文化是企业长期运营过程中经验、价值观念和行为方式的积累和沉淀，是保障企业持久健康发展的基础。企业价值观是企业文化体系的核心组件，它是概括总结出来的群体行为准则和凝聚人心的精神动力，展现了企业的价值取向、人才理念、企业使命和市场定位等，是指导全体成员工作和决策的最高准则。

企业核心价值观的培养是一个漫长曲折的过程，需要付出大量的精力和时间，企业可以参考世界范围内的一些经典案例来研究企业价值观的塑造和传承。维持企业的长期发展需要多角度、长时间的制度创新，不仅需要科学合理的管理模式与富有远见的企业战略，还需要与企业氛围、目标相适应的企业文化。

优秀的企业文化和价值观能得到多数员工的认同，增加群体之间的凝聚力，激励鼓舞员工向着目标奋斗。许多成功企业都有着能适应自身环境土壤的独特价值观。

苹果公司在发展的过程中，建立了以创新为核心的企业文化，这突出表现在苹果公司对数字产品和操作系统突破式创新上。苹果公司始终遵守创新原则，坚持保留独特的设计风格和用户体验，使自己的开发模式成为业界的主流，也获得一大批世界各地的拥趸。

苹果实行了精确的细节管理，实现了完成度高、差异性小的品控工作，在公司管理中将客户的需求放在第一位，并让员工积极参与包括同事、工作和客户等方面的交流工作，充分听取意见，改善服务结构。企业文化和价值观成为苹果公司发展的重要推力。

企业文化的传承和延续关乎公司能否持续稳定的发展，企业文化也需要根据企业自身的发展情况进行调整和重构。价值观是企业全体成员的行动准则，也是保障企业文化发展的基石。企业要加强对核心价值观的巩固和维护，让价值观念深入人心，提高员工自觉传承企业文化的积极性。企业需要评估内外部的风向与环境，重视价值观土壤的培养，让价值观成为工作和运营的推力。

企业文化包括了内外部的企业形象展示，能起到吸引和号召的作用。企业需要认真考虑发展形势和行业动态，结合社会背景等因素综合考虑，适时进行文化符号的调整和更新，让文化符号能更加适应人们的需求与观念，促进业务发展的同时传承文化的底蕴。

其中，企业价值观的塑造将提高内部的凝聚力和外部的吸引力。在塑造企业价值观的过程中，需要一支能够贯彻价值观思想的人才团队。人是企业生产中最活跃的因素，优秀的人力资源也是企业文化建设和传承的基础。员工既是企业文化的直接接受者，也是表达者和宣传者，对展现企业文化风貌有着重要作用。因此，企业需要设置多维度、深层次的培养体系，潜移默化地向员工传输企业文化体系及价值观的概念，并在日常工作中进行强化学习，使其能够加以运用。

综上所述，企业价值观和文化的建设是一项深远持久的工程，但也是企业持久发展和保持竞争力的根基和后盾。企业决策者要综合实际情况建构企业文化、传递企业价值观，推动企业自上而下的文化建设，建立以思想为主体、以行为为基础的延续传承体系，在实现企业自身繁荣的同时带动行业进步和社会发展。

7.2.2 企业价值观塑造的基本要素

企业价值观的培养分为多个阶段，需要基于企业实际逐步进行。在塑造企业价值观的过程中，可以把握以下基本要素。

1. 创始人的特质

企业家往往是企业本身的精神象征。在进行企业价值观塑造时，可以从创始人或掌门人所拥有的特质入手，挖掘其中的核心要素作为企业价值观的重要内容。

例如，苹果公司联合创始人、曾任苹果公司首席执行官的史蒂夫·乔布斯认为创新是无极限的，而苹果公司的核心价值观正是“创新”。企业家本身的活动，包括组织建设、品牌宣传、并购活动和制度改革等，都会与企业发展融为一体，对企业价值观的塑造产生深远影响。

2. 企业的使命

企业使命与企业价值观紧密相连。企业使命能构建出一个宏大的目标，创造出企业群体的使命感。企业使命与价值观的协同作用，能够加强企业内部的凝聚力和外部的吸引力，从多个角度影响企业文化的打造。

同仁堂在发展过程中，一直注重继承传统的中医药学和调养保健，得到现代化的中医药理论体系，体现源远流长的中药文化。基于这种使命感，同仁堂以中国传统文化中的“仁”为核心价值观，不仅继承了几千年来的医学文化和中药体系，更发展出了适应现代市场的运营模式，树立了闻名遐迩的企业文化。

3. 企业的文化符号

文化符号需要通过一定的传递介质才能广泛地被企业内外认识接受。通常可以使用企业口号、制服标志、员工手册和剪贴图画等文化符号来进行价值观的塑造。

中国联通的口号为“让一切自由联通”，其强调了互联网时代万物互联的重要性。为加强口号在公司内部的影响力，联通创建了一些有标志性的内部文化符号，并树立了客户为本、员工为根、服务为上、创新为魂、奋斗为荣、清廉为基、团队共进、开放创新、追求卓越的价值观，以加强员工对企业文化的认同和传承。

7.2.3 企业价值观考核与落地方法

企业价值观的落地，即要求员工的行为能按照企业价值观的要求去做。当下，为推进价值观落地，企业往往采取的是价值观考核的方法，就是把价值观要求的行为纳入员工的行为考核体系，纳入绩效体系。

毋庸置疑，价值观考核现在已经成为一些企业推动文化落地的法宝。那么，价值观考核与落地的方法有哪些？

1. 将价值观转化为具体行为

价值观被梳理出来之后，一般会被总结提炼成几个词或者几句短语。如果只是单纯的语言描述，那么是不可能转变成实际行动的。针对每一项价值观，都要提出更为具体的行为要求。

比如，某公司的一项价值观为“诚信”，其具体的行为要求是：对客户有效履约，对合作方讲求信用，忠实履行职责，做到公道办事、尽职尽责、维护利益、保守秘密，对成员单位讲求坦诚相待，对员工倡导公平公开，实事求是，有诺必践。

将价值观转化为可衡量的实践，给员工提出更具体的行为要求，能指导员工如何去做，才能让价值观更好地发挥作用。

2. 具体事例和重复讲解

企业确立的价值观是经过高度凝练的，一般员工很难把握其精神实质。因此，对于确立的每一项价值观，要有对应的事例，用通俗易懂的语言去阐述，这样更易于员工理解价值观的实质。除此之外，对于这些事例，管理者要在不同的场合、不同的时间，不断进行宣传，逢会必讲、逢人必讲，加深员工对这些事例的印象，进而理解事例所对应的价值观。

某公司在确定好价值观之后，搜集与价值观对应的在公司实际发生过的故事，结集成册，在员工中间传阅，并且公司领导在一些会议上、座谈中，经常提到这些故事。久而久之，员工对这些故事非常熟悉，也就达到了通过故事传播价值观的效果。

3. 在实践中不断修正

不可否认，一些优秀的企业，在长期经营过程中积淀了优秀的价值观，但这并不意味着，价值观是一成不变的。一家创业型公司和一家成熟型公司的价值观可能并不一致。创业公司往往更强调人的主观能动性，遵循的价值观可能与不受拘束相关。公司发展到一定规模之后，业务扩张、人员扩张，公司管理难度提升，这时候需要遵循的价值观可能与规范相关。

所以，在价值观落地过程中，企业要根据外界环境和发展基础的变化而不断变化，在实践中不断修正和补充，以使其更符合当下经营管理的要求。

7.3 企业大学：构建学习型组织文化

7.3.1 企业大学的主要构成

当前，经济的发展要求企业能够快速在瞬息万变的市场中建立起比较优势。从短期来看，企业间的竞争是经营竞争，聚焦于价格和产品；而从长远来看，企业的竞争是适应性和发展性竞争，即企业是否具备在快节奏市场中保持高产品市场匹配度（product-market fit，PMF）、实现深度市场洞察的能力，而这些能力来自集体学习。

现代管理学先驱彼得·圣吉在谈及新形势下的企业竞争时曾指出，“21世纪企业间的竞争，实质上是企业学习能力的竞争，在这一点上，如果能做到比竞争对手学得更快，就意味着取得了唯一的优势”。但当企业都开始意识到培训与教育重要性的同时，传统的培训模式又让企业陷入了新的迷茫。例如：

- “请进来，送出去”的传统企业培训模式在实践中呈现出越来越多的弊端，填鸭式的知识输出机制、僵化的知识体系难以激发员工的学习兴趣与创造力；
- 粗放式的“一刀切”式教学，忽略了学员的个体差异，难以取得良好的教学效果；
- 引进的课程与师资授课时间固定，难以灵活地满足员工的弹性时间需要；

- 培训制度难以与企业文化、企业战略体系相统一，与企业业务和实践需要存在间隙；
- 培训过于重视局部而忽视了整体，关注个人能力提升而忽视了整个组织协作能力的培养，在团队学习方面有所缺失，且难以进行有效的成本管理，培训投资大。

因为上述种种原因，很多具有战略性眼光的企业管理者开始改变关注点，将目光从外部师资的引入转移到企业内部学习组织的建设方面，设置专门的预算用于构建企业自己的内部培训组织，因此便有了企业大学。近三十年内，不论是国内还是国外，知名企业都在加快推进企业内部大学的建设。

1. 学员组成

企业大学作为对企业未来发展有着关键影响作用的重要战略部门，在对其进行规划时应聚焦于学习型企业建设目标，采取前瞻性、战略性的手段进一步完善其内涵与外延。因此，在学员方面，企业大学应首先面向企业内的所有员工，随后扩大到企业的合作伙伴、企业的客户等，形成串联业务执行主体、业务合作主体、需求供给主体的教育体系架构，推动整个企业价值链在价值导向、文化认同等方面达成共识。

2. 师资组成

主要分为社会化师资和企业自有师资。前期，通过引进社会化师资为企业员工进行素质普及教育，夯实学习基础；后期，在企业内部学习机制和企业专有师资团队的支撑下，进一步提升培训的个性化、专业化程度，让培训更加贴合企业业务需要，发挥实效。

3. 培训方式

从性价比方面来看，E-learning（电子化学习）培训平台是当前国内较受欢迎的培训模式。一方面，该平台强大的线上授课功能打破了时空限制，能够灵活地满足企业成员弹性化学习的需求、为成员定制个性化的学习计划。而且，还支持全员学习、团队学习与个性化学习，具有良好的培训效果。另一方面，其投入低，维护成本低，但该模型也存在交互性较差的问题。而传统面授的方式虽然能够形成良好互动，但是其持续性差、覆盖面有限的特点难以为企业的知识沉淀与存储、理念迭代式升级提供支撑，且成本较高。

因此，混合式培训模式是企业的最佳选择，即将E-learning培训方式作为常态化培训方式，负责基本的、常规性的知识传授。在此基础上，将面授方式作为补充，用于培训知识的拓展。此外，还可以通过工作现场的即时培训和传授模式，进一步提升培训知识与实际业务场景的贴合度，保证“所用即所学”，让理论与实践充分结合。这样，既保证了在一定的成本范围内实现企业大学的全员覆盖，提升授课效率，同时又按照特殊课程、特殊授课的思路保证了授课的效果。

4. 培训场所搭建

E-learning网络培训平台的搭建，即建设可靠性高、服务供给能力强、开发成本低的学习管理平台（LMS），并作为E-learning培训实施的依托。同时，进一步推动企业的信息化建设走向纵深，提高电化教室等硬件基础设施的服务能力。此外，企业还应提供相对固定的面授课程教师以及个人、团队进行拓展训练的场所。

5. 培训绩效考核

培训的本质目的是通过员工素质的提升促进企业的发展与成长，而判断培训是否达到了预期标准，需要借助培训效果评估实现。在具体实施方面，企业可以通过考核、学员成绩分析、应用场景检验等方式评估培训效果，并将考核评估与企业人力资源的考评制度挂钩，将企业培训融入企业人力资源管理体系，形成一个与企业成长节奏一致、全面覆盖的人才培养及使用机制。

7.3.2 企业大学的课程体系

1. 课程体系

课程体系是企业大学的资源支撑，是保证培训能够全面、高效供给企业人才培养的关键。若企业没有自己的课程资源，仅仅依靠外部引入，则会导致培训的知识流于散乱，缺乏重点，进而让企业难以聚力于主要矛盾的解决，培训的效果将大打折扣。因此，企业需要对标企业内部的业务，构建自己的课程体系，从而保证培训与企业发展实际的紧密贴合。

通常情况下，企业大学的课程体系包括的主要内容如图7-3所示。

企业大学的课程体系

- 通用课程
  包括财务管理、生产管理、人力资源管理、商务礼仪、营销管理、营销技能等
- 专业课程
  具有一定行业针对性的课程
- 定制课程
  包括技术知识培训、新产品推介、管理知识技能培训、各渠道和客户的培训等
- 自主课程
  企业自主策划、设计、开发的个性化课程
- 辅助资料
  包括企业案例库、行业法规库、企业图书馆等

图 7-3 企业大学的课程体系

（1）通用课程。通用课程指基础性、通用性的商科及技能类课程，包含着成为一名企业员工所必须掌握的知识与技能，该类课程能够帮助培养其基本的职业认知与职业素质，并奠定其知识结构全面发展的基础。具体课程包括财务管理、生产管理、人力资源管理、商务礼仪、营销管理、营销技能等。

（2）专业课程。专业课程指具有一定行业针对性的课程，相较于通用课程，知识覆盖范围进一步缩小，但内容的翔实程度和学习深度进一步增加。只有具备了此类课程知识，才有可能具备超前的市场洞察能力，在激烈的行业竞争中建立比较优势。

（3）定制课程。进一步将课程内容的精细化程度从行业上升到企业，其内容生产来自专业的课程公司。在课程制作前，企业提供战略目标、发展需求、价值方向以及当前的经营管理实际、存在的问题等个性化信息，以保证课程的全面性和准确性。定制课程是对企业宝贵经营经验的沉淀，使用定制课程进行培训的过程就是推动企业经验知识复用的过程，因而此类课程对企业意义重大。定制课程的内容包括技术知识培训、新产品推介、管理知识技能培训、各渠道和客户的培训等。

（4）自主课程。自主课程指企业自主策划、设计、开发的个性化课程。随着各类现代化开发工具的出现，此类课程也相应地大量出现。此类课程多服务于某个特定项目，通过将项目所需的知识制作成课件，企业能够在短时间内快速填补相关人员的知识空缺，保证项目顺利进行，并在事后作为企业的无形资产存在，对企业而言有很高的商业价值。

（5）辅助资料。辅助资料指企业学习中可能用到的辅助工具和类比资料等。通过辅助资料的积累，能够帮助企业员工更好地发现知识间的规律和联系，提高知识理解速度与记忆深度。同时，辅助资料库的建设水平也体现着企业知识体系的完备程度。辅助资料包括企业案例库、行业法规库、企业图书馆等。

2. 师资体系

通常，企业大学的讲师资源来自两个方面，见表7-1。

表7-1　企业大学的讲师资源

类　别	内　容
企业外部	包括行业专家、高校教授、管理专家等
企业内部	包括企业技术专家、企业业务骨干、企业内部专职讲师、高层管理人员等

但通常情况下，国内企业大学内部讲师一直处于供不应求的状态，且讲师自身的素质良莠不齐，而兼职讲师则缺乏有效的激励和考核措施，导致其授课效果难以保证。因此，在设计讲师资源结构时，除了考虑结构的合理性、内外部讲师资源的配比外，还应进一步收紧讲师筛选考核标准，保证师资队伍质量。

3. 管理体系

缺乏严密的组织管理制度将难以保证整个企业大学的培训效果，并使企业大学与整个企业的运营管理割裂开来。因此，为确保企业大学顺利发挥其效能，必须构建完整的管理体系，如图7-4所示。

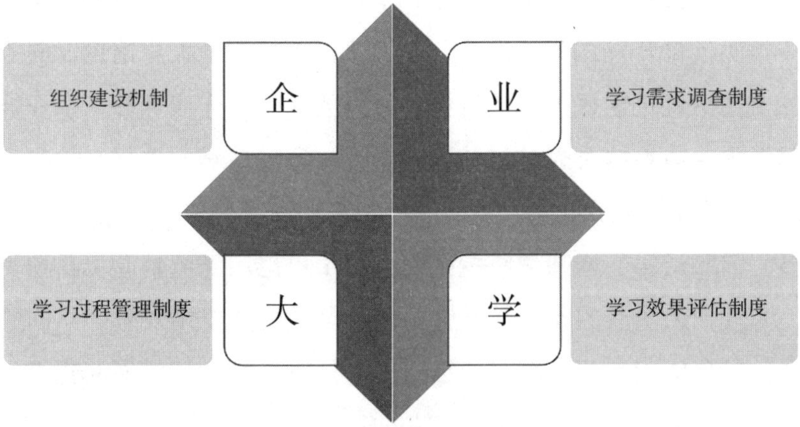

图7-4　企业大学的管理体系

（1）组织建设机制。组织建设机制由企业领导牵头搭建企业大学管理运营班子，设置外部联络、资源管理、教务管理等相关职能部门，或指派专人负责，向上接受学院系统管理，向下实施责任落实到人，保障学院正常运营。

（2）学习需求调查制度。学习需求调查制度覆盖了学习内容、学习评估、学习时间、师资配备等多个维度的院内全面调查，或结合集团实际需求，列出核心需求清单并形成相应的方案，由管理人员向全体学员征求意见，并以此为依据生成可行性报告，最终敲定培训计划内容。将上述步骤通过流程固定下来，形成制度化的组织模式。

（3）学习过程管理制度。学习过程管理制度包括学员的出勤管理、企业大学的培训计划落实和学习过程的全面跟踪等，保证各个环节制度的严谨性和流程逻辑的严密性，同时通过数字化手段采集培训数据，让学员能够高效地获取培训数据反馈，从而不断优化完善已有的课程内容、教学大纲和计划安排，实现课程的不断进步，提高员工的学习积极性，保证授课内容的与时俱进，确保学习计划的合理安排。

（4）学习效果评估制度。学习效果评估制度主要包括两个方面：一是企业大学内部组织的课程成绩考核、学习成果验收、学习表现评估；二是与企业人力资源部门的绩效考核制度挂钩的评价体系。二者的结合，提高了学习效果评估的客观性和完善度，将企业大学最终的培训落脚点设置在利益奖惩方面，为培训提供约束力保障。

尽管企业大学的成功受多种因素的影响，且存在一定的主体差异性，但仍有一些共性的影响因素，决定着企业大学能否成功，包括高层技术管理者是否积极参与、是否建立了综合的衡量指标、员工的学习进程是否有技术驱动、是否进行了有效的价值宣传、企业大学的学习目标设置是否贴合企业的战略需求等。

7.3.3 企业大学的搭建步骤

1. 分析培训需求

在推进企业大学的建设工作前，企业应对企业的培训需求进行较为全面的分析。首先需掌握员工数量、部门构成、市场发展情况、主要竞争对手的相关信息，再基于企业的战略目标制定培训需求，然后结合员工的实际需求对已制定的培训需求进行优化完善，充分保证企业大学能够在企业发展过程中发挥作用。

2. 开发高质量的课程

在充分了解培训需求后，企业可以以内部开发或外部采购的方式来获取关于软技能、领导力和技术知识等内容的学习课程，提高学习课程的质量、丰富性和针对性，以便为员工提供学习资源和课程计划。一般来说，学习课程的内部开发需要花费许多人力资源和物力资源。为了减少资源浪费，企业还需充分确保课程的质量和员工的学习效果。

3. 选择合适的平台

企业应根据自身需求选择合适的在线学习平台，并将品牌标志添加到平台当中，同时全方位了解学习内容显示方式、自定义课程创建方式、学习路径设计方式、平台稳定性和平台易用性等内容，以便利用该平台为员工提供在线学习服务。

4. 设计学习路径

企业应针对员工的实际情况为其设计包含学习顺序、学习时间和评估方式等多项内容的学习路径和学习计划，让员工可以自由选择符合其学习习惯的学习方式，从而达到提高员工学习积极性的目的，为员工实现高效学习提供强有力的支持，同时也可以在此基础上实时掌握每个员工的学习进度和学习效果。

5. 有效推广和实施

企业应通过公告、培训和内部邮件等方式，对企业大学进行推广，为员工了解和使用企业大学提供学习指南和操作手册等工具，帮助员工快速掌握企业大学的应用方法，以便员工通过企业大学来获取自身所需的各类学习资源。

6. 评估培训效果

企业应设立科学合理的培训效果评估标准，根据实际情况确定相应的评估目标，并采用考试、测试等多种手段来获取反馈信息，通过对反馈信息和实际情况的对比分析来衡量培训的有效性，并据此对培训方案进行优化调整，以便获得更好的培训效果。与此同时，也可以通过第三方评估等方式来进一步增强培训效果评估的客观性。

7. 持续改进和优化

企业应广泛采集员工反馈、评估结果、员工需求和员工学习进度等信息，并对这些信息进行深入分析，以便针对分析结果更新课程、改进学习路径和优化学习资源等，对企业大学的内容和学习路径进行优化调整。不仅如此，企业还需密切关注行业动态，及时更新和完善培训资源，不断强化企业生命力和市场竞争力。

7.3.4 搭建企业大学的注意事项

1. 提供足够的支持

企业大学能否获得足够的支持是影响其成功与否的重要因素。具体来说，企业可以从资源和预算等方面，为建设和完善企业大学提供强有力的支持，帮助企业大学提高落地应用和实际运营过程的流畅性，并获取更多员工的信任和认可。

2. 重视员工的需求

不符合员工实际需求或被迫参加的培训，既无法提高员工的参与度和满意度，也难以带来良好的学习效果。因此，企业在设计和落实企业大学的各项培训活动时，需要加强与员工之间的沟通，全方位了解员工的学习需求，根据员工的岗位特点和职业发展情况有针对性地提供相应的学习资源和学习路径。

3. 提供可靠的平台

在建设企业大学的过程中，企业应充分确保在线学习平台的稳定性和可靠性，探索融合企业大学在线学习平台和自身已有系统的有效方法，同时还需进一步提高平台的可定制性，确保平台能够尽可能满足成员的个性化学习需求，提升平台的易用性和有效性。

4. 设立跟踪和评估机制

企业需要设立员工跟踪和评估机制，定期对员工的学习进度进行评估和反馈，以便及时掌握员工的学习情况和企业大学的应用效果，并根据评估结果和反馈信息对企业大学的学习内容和学习路径进行优化调整，达到获取更好的学习效果和更高的员工满意度的目的。

总而言之，对企业来说，注意以上事项能够有效提高企业大学建设过程的流畅性，充分确保企业大学在员工培训方面的有效性，以及对不断变化的培训需求和学习需求的满足能力。

参考文献

[1] 肖土盛，吴雨珊，亓文韬.数字化的翅膀能否助力企业高质量发展：来自企业创新的经验证据[J].经济管理，2022，44（05）：41-62.

[2] 武常岐，张昆贤，周欣雨，等.数字化转型、竞争战略选择与企业高质量发展：基于机器学习与文本分析的证据[J].经济管理，2022，44（04）：5-22.

[3] 朱秀梅，林晓玥.企业数字化转型：研究脉络梳理与整合框架构建[J].研究与发展管理，2022，34（04）：141-155.

[4] 李颖，贺俊.数字经济赋能制造业产业创新研究[J].经济体制改革，2022，（02）：101-106.

[5] 姚小涛，亓晖，刘琳琳，等.企业数字化转型：再认识与再出发[J].西安交通大学学报（社会科学版），2022，42（03）：1-9.

[6] 倪克金，刘修岩.数字化转型与企业成长：理论逻辑与中国实践[J].经济管理，2021，43（12）：79-97.

[7] 周文辉，程宇.数字平台如何通过边界跨越构建价值共创型组织[J].研究与发展管理，2021，33（06）：31-43.

[8] 黄大禹，谢获宝，孟祥瑜，等.数字化转型与企业价值：基于文本分析方法的经验证据[J].经济学家，2021，（12）：41-51.

[9] 史宇鹏，王阳，张文韬.我国企业数字化转型：现状、问题与展望[J].经济学家，2021，（12）：90-97.

[10] 吴江，陈婷，龚艺巍，等.企业数字化转型理论框架和研究展望[J].管理学报，2021，18（12）：1871-1880.

[11] 王永贵，汪淋淋.传统企业数字化转型战略的类型识别与转型模式选择研究[J].管理评论，2021，33（11）：84-93.

[12] 肖红军，阳镇，刘美玉.企业数字化的社会责任促进效应：内外双重路径的检验[J].经济管理，2021，43（11）：52-69.

[13] 李琦，刘力钢，邵剑兵.数字化转型、供应链集成与企业绩效：企业家精神的调节效应[J].经济管理，2021，43（10）：5-23.

[14] 袁淳，肖土盛，耿春晓，等.数字化转型与企业分工：专业化还是纵向一体化[J].中国工业经济，2021，（09）：137-155.

[15] 易露霞，吴非，常曦.企业数字化转型进程与主业绩效：来自中国上市企业年报文本识别的经验证据[J].现代财经（天津财经大学学报），2021，41（10）：24-38.

[16] 黄丽华，朱海林，刘伟华，等.企业数字化转型和管理：研究框架与展望[J].管理科学学报，2021，24（08）：26-35.

[17] 易露霞，吴非，徐斯旸.企业数字化转型的业绩驱动效应研究[J].证券市场导报，2021，（08）：15-25+69.

[18] 赵宸宇，王文春，李雪松.数字化转型如何影响企业全要素生产率[J].财贸经济，2021，42（07）：114-129.

[19] 吴非，胡慧芷，林慧妍，等.企业数字化转型与资本市场表现：来自股票流动性的

经验证据[J].管理世界，2021，37（07）：130-144+10.
[20] 王海军，金姝彤，束超慧，等.为什么硅谷能够持续产生颠覆性创新：基于企业创新生态系统视角的分析[J].科学学研究，2021，39（12）：2267-2280.
[21] 刘淑春，闫津臣，张思雪，等.企业管理数字化变革能提升投入产出效率吗[J].管理世界，2021，37（05）：170-190+13.
[22] 陈庆江，王彦萌，万茂丰.企业数字化转型的同群效应及其影响因素研究[J].管理学报，2021，18（05）：653-663.
[23] 苏策，何地，郭燕青.企业创新生态系统战略开发与竞争优势构建研究[J].宏观经济研究，2021，（04）：160-169.
[24] 王春英，陈宏民.数字经济背景下企业数字化转型的问题研究[J].管理现代化，2021，41（02）：29-31.
[25] 郑彦宁，袁芳.颠覆性技术研发管理研究[J].科研管理，2021，42（02）：12-19.
[26] 王核成，王思惟，刘人怀.企业数字化成熟度模型研究[J].管理评论，2021，33（12）：152-162.
[27] 张夏恒.中小企业数字化转型障碍、驱动因素及路径依赖：基于对377家第三产业中小企业的调查[J].中国流通经济，2020，34（12）：72-82.
[28] 李辉，梁丹丹.企业数字化转型的机制、路径与对策[J].贵州社会科学，2020，（10）：120-125.
[29] 余维臻，陈立峰，刘锋.后发情境下创业企业如何成为“独角兽”：颠覆性创新视角的探索性案例研究[J].科学学研究，2021，39（07）：1267-1276.
[30] 肖静华.企业跨体系数字化转型与管理适应性变革[J].改革，2020，（04）：37-49.
[31] 胡青.企业数字化转型的机制与绩效[J].浙江学刊，2020，（02）：146-154.
[32] 肖红军，阳镇.平台型企业社会责任治理：理论分野与研究展望[J].西安交通大学学报（社会科学版），2020，40（01）：57-68.

[33] 陈春花.传统企业数字化转型能力体系构建研究[J].人民论坛·学术前沿，2019，(18)：6-12.

[34] 陈思睿，杨桂菊，王彤.后发企业的颠覆性创新机理模型：基于小米公司的探索性案例研究[J].管理案例研究与评论，2019，12（04）：365-382.

[35] 肖广岭.以颠覆性技术和“卡脖子”技术驱动创新发展[J].人民论坛·学术前沿，2019，（13）：55-61.

[36] 陈劲，杨文池，于飞.数字化转型中的生态协同创新战略：基于华为企业业务集团（EBG）中国区的战略研讨[J].清华管理评论，2019，（06）：22-26.

[37] 何帆，刘红霞.数字经济视角下实体企业数字化变革的业绩提升效应评估[J].改革，2019，（04）：137-148.

[38] 胡国栋，王晓杰.平台型企业的演化逻辑及自组织机制：基于海尔集团的案例研究[J].中国软科学，2019，（03）：143-152.

[39] 王凤彬，王骁鹏，张驰.超模块平台组织结构与客制化创业支持：基于海尔向平台组织转型的嵌入式案例研究[J].管理世界，2019，35（02）：121-150+199-200.

[40] 张延平，冉佳森.创业企业如何通过双元能力实现颠覆性创新：基于有米科技的案例研究[J].中国软科学，2019，（01）：117-135.

[41] 张庆普，周洋，王晨筱，等.跨界整合式颠覆性创新内在机理与机会识别研究[J].研究与发展管理，2018，30（06）：93-105.

[42] 王建平.工业4.0战略驱动下企业平台生态圈构建与组织变革[J].科技进步与对策，2018，35（16）：91-96.

[43] 李晓华.“新经济”与产业的颠覆性变革[J].财经问题研究，2018，（03）：3-13.

[44] 简兆权，刘晓彦，李雷.基于海尔的服务型制造企业“平台+小微企业”型组织结构案例研究[J].管理学报，2017，14（11）：1594-1602.

[45] 潘松挺，杨大鹏.企业生态圈战略选择与生态优势构建[J].科技进步与对策，2017，

34（21）：80-87.

[46] 谢佩洪，陈昌东，周帆.平台型企业生态圈战略研究前沿探析[J].上海对外经贸大学学报，2017，24（05）：54-65.

[47] 丁玲，吴金希.核心企业与商业生态系统的案例研究：互利共生与捕食共生战略[J].管理评论，2017，29（07）：244-257.

[48] 邵云飞，詹坤，吴言波.突破性技术创新：理论综述与研究展望[J].技术经济，2017，36（04）：30-37.

[49] 胡国栋，王琪.平台型企业：互联网思维与组织流程再造[J].河北大学学报（哲学社会科学版），2017，42（02）：110-117.

[50] 韩沐野.传统科层制组织向平台型组织转型的演进路径研究：以海尔平台化变革为案例[J].中国人力资源开发，2017，（03）：114-120.

[51] 吴佩，姚亚伟，陈继祥.后发企业颠覆性创新最新研究进展与展望[J].软科学，2016，30（09）：108-111.

[52] 柳卸林，马雪梅，高雨辰，等.企业创新生态战略与创新绩效关系的研究[J].科学学与科学技术管理，2016，37（08）：102-115.

[53] 陈健，高太山，柳卸林，等.创新生态系统：概念、理论基础与治理[J].科技进步与对策，2016，33（17）：153-160.

[54] 张小宁，赵剑波.新工业革命背景下的平台战略与创新：海尔平台战略案例研究[J].科学学与科学技术管理，2015，36（03）：77-86.

[55] 王艳，阚铄.企业文化与并购绩效[J].管理世界，2014，（11）：146-157+163.

[56] 陈江华.学习型组织理论研究综述与评价[J].北京交通大学学报（社会科学版），2014，13（02）：65-71.

[57] 张小宁.平台战略研究评述及展望[J].经济管理，2014，36（03）：190-199.

[58] 张枢盛，陈继祥.颠覆性创新演进、机理及路径选择研究[J].商业经济与管理，

2013，（05）：39-48.

[59] 褚跃龙，王爽.浅析企业应如何进行业务流程优化[J].辽宁工业大学学报（社会科学版），2012，14（02）：14-15+85.

[60] 张绪柱.基于流程优化的企业组织设计研究[D].山东大学，2011.

[61] 张春辉，陈继祥.渐进性创新或颠覆性创新：创新模式选择研究综述[J].研究与发展管理，2011，23（03）：88-96.

[62] 黄海洋，陈继祥.颠覆性创新的扩散过程与中小企业的竞争策略[J].工业工程与管理，2011，16（01）：123-129.

[63] 胡岗岚.平台型电子商务生态系统及其自组织机理研究[D].复旦大学，2010.

[64] 王家宝，陈继祥.颠覆性创新、生产性服务业与后发企业竞争优势[J].科学学研究，2010，28（03）：444-448.

[65] 王竹泉，隋敏.控制结构+企业文化：内部控制要素新二元论[J].会计研究，2010，（03）：28-35+96.

[66] 陈国权.组织学习和学习型组织：概念、能力模型、测量及对绩效的影响[J].管理评论，2009，21（01）：107-116.

[67] 郭忠金，李非.业务流程再造理论的起源、演进及发展趋势[J].现代管理科学，2007，（11）：8-9+92.

[68] 陈国权.团队学习和学习型团队：概念、能力模型、测量及对团队绩效的影响[J].管理学报，2007，（05）：602-609.

[69] 李明子.现代管理的新理念：流程管理[J].中华护理杂志，2005，（12）：956-958.

[70] 陈国权，郑红平.组织学习影响因素、学习能力与绩效关系的实证研究[J].管理科学学报，2005，（01）：48-61.

[71] 梁运文，谭力文.商业生态系统价值结构、企业角色与战略选择[J].南开管理评论，2005，（01）：57-63.

[72] 张燚，张锐.战略理论演化及战略生态研究综述[J].科研管理，2004，(02)：98-106.

[73] 林晓.基于生态位理论的企业竞争战略分析[J].南京林业大学学报（人文社会科学版），2003，(03)：58-61.

[74] 黄艾舟，梅绍祖.超越BPR：流程管理的管理思想研究[J].科学学与科学技术管理，2002，(12)：105-107.

[75] 陈国权.学习型组织的过程模型、本质特征和设计原则[J].中国管理科学，2002，(04)：87-95.

[76] 吴水澎，陈汉文，邵贤弟.企业内部控制理论的发展与启示[J].会计研究，2000，(05)：2-8.

[77] 陈春花.企业文化的改造与创新[J].北京大学学报（哲学社会科学版），1999，(03)：51-56.